Brauner/Stollmann/Weiß

Fälle und Lösungen zum Staatsrecht

Fälle und Lösungen zum Staatsrecht

Mit Originalklausuren und gutachterlichen
Lösungen sowie Erläuterungen

von

Rechtsanwalt, Fachanwalt für Verwaltungsrecht Dr. Roman J. Brauner
Regierungsrat Frank Stollmann
Rechtsanwältin, Fachanwältin für Verwaltungsrecht Dr. Regina Weiß

6., neubearbeitete Auflage, 1999

RICHARD BOORBERG VERLAG
Stuttgart · München · Hannover · Berlin · Weimar · Dresden

Die Deutsche Bibliothek – CIP-Einheitsaufnahme

Brauner, Roman J.:
Fälle und Lösungen zum Staatsrecht : mit Originalklausuren und
gutachterlichen Lösungen sowie Erläuterungen / von Roman J.
Brauner ; Frank Stollmann ; Regina Weiss. – 6., neubearb. Aufl. –
Stuttgart ; München ; Hannover ; Berlin ; Weimar ; Dresden :
Boorberg, 1999 (Studienprogramm Recht)
    ISBN 3-415-02517-9

Die 1. und 2. Auflage sind im Universitätsverlag Dr. N. Brockmeyer, Bochum, erschienen.

Satz: Dörr + Schiller GmbH, Stuttgart
Druck: Laupp & Göbel, Nehren
Verarbeitung: Dollinger GmbH, Metzingen
© Richard Boorberg Verlag GmbH & Co, 1999

Begleitwort

Die Fähigkeit zur Fallösung ist eine unverzichtbare Voraussetzung für jeden juristischen Beruf. In der Form der Klausur beherrscht die Fallösung den Ausbildungsalltag der Juristinnen und Juristen. In der Klausur soll die Fähigkeit erlernt und nachgewiesen werden, innerhalb begrenzter Zeit einen Sachverhalt zu ordnen, die rechtserheblichen Tatsachen auszuarbeiten und anhand des Gesetzestextes und mit Hilfe eines präsenten Grundwissens eine juristische Lösung zu entwerfen. Die Klausur ermöglicht den Studierenden eine Kontrolle ihres Lernerfolges und zeigt ihnen, wo ergänzende Studien erforderlich sind: sie trainiert die Reaktionsschnelligkeit im Umgang mit Sachverhalt und Rechtsstoff und spiegelt etwa die Situation einer ersten überschlägigen Orientierung wieder, wie Richter, Anwälte und Verwaltungsbeamte sie sich vor Eintritt in eine gründlichere Beschäftigung zu verschaffen pflegen. Die Gefahr der Klausur beginnt dort, wo diese sich verselbständigt und ein vertiefendes systematisches Studium zugunsten einer bloßen Fallhuberei verdrängt. Durch Integration der Übungen mit ihren obligatorischen Prüfungsklausuren in die systematischen Lehrveranstaltungen wird dieser Gefahr in vielen Studiengängen bereits gegengesteuert.

Durch eine knappe Einführung in die Technik der Fallbearbeitung und die exemplarische Darstellung gutachterlicher Fallösungen leistet die vorliegende Fallsammlung einen Beitrag, um die positiven Wirkungen der Klausuren zu fördern und ihre negativen Effekte zu vermeiden. Den Studierenden der Anfangssemester werden einfache Sachverhalte zur Verfügung gestellt, deren Bearbeitung kein Spezialwissen verlangt, sondern es ermöglicht, die Fähigkeit zu eigenständiger Problemanalyse und sauberer juristischer Argumentation zu entwickeln. Durch ausführliche Hinweise wird auf typische Aufbaumängel und Argumentationsfehler aufmerksam gemacht.

Besonders verdienstvoll ist es, daß die Fälle dem Verfassungsrecht entnommen sind. Wegen der Offenheit und Weite der Normen des Grundgesetzes ist eine methodische Disziplinierung der juristischen Argumentation nirgendwo wichtiger als hier.

Bremen, im Herbst 1999   Professor Dr. Alfred Rinken

Vorwort zur 6. Auflage

Im Bemühen um Aktualität haben wir das Buch gründlich überarbeitet. Rechtsprechung und Literatur sind auf dem neuesten Stand. Die Fälle *Sun and Fun, Postalischer Friede, Der Regierungs-Störfall* und *Bittere Pillen* wurden jeweils durch neue Fälle mit einer ähnlichen Thematik ersetzt. Das Gewicht der ausgewählten Fälle liegt weiterhin bei den in den Anfängerübungen prüfungsrelevanten Fragestellungen.

Herrn Rechtsreferendar Jörg Ihle schulden wir Dank für die Unterstützung bei der Bearbeitung des Falles G. *Mr. Wash.*

Bochum, Hattingen und Bremen im April 1999   Die Verfasser

Aus dem Vorwort zur 1. Auflage

In unserer Eigenschaft als Leiter vorlesungsbegleitender studentischer Arbeitsgemeinschaften im Staatsrecht wurden wir wiederholt mit der Bitte konfrontiert, Klausuren vorzustellen, die im Rahmen von Anfängerübungen im Öffentlichen Recht geschrieben wurden. Grund dafür war der Wunsch, die bei Studienanfängern verständlicherweise noch bestehende Unkenntnis vom Aufbau eines Gutachtens im Staatsrecht, von der Subsumtionstechnik und von einer adäquaten Darstellung streitiger Rechtsfragen zu überwinden. Diesen Zweck soll das vorliegende Buch erfüllen. Es werden hier Klausurfälle gutachterlich gelöst, die von der Juristischen Fakultät der Ruhr-Universität Bochum in den Anfängerübungen im Öffentlichen Recht ausgegeben wurden, einige davon zum Zwecke der Leistungskontrolle im Öffentlichen Recht.

Das Buch soll kein Lehrbuch des Staatsrechts sein. Aus diesem Grunde wurde auf Zitate weitgehend verzichtet. Auch eine Mischung aus Fallösung und Lehrbuch, bei der die Fallösung häufig zu kurz kommt, soll das Buch nicht darstellen. Bezweckt ist vielmehr, dem eingangs geschilderten Wunsch entsprechend aufzuzeigen, wie ein Gutachten im Staatsrecht richtig und zugleich ansprechend angefertigt wird. Hiermit werden die bestehenden Lehrbücher des Staatsrechts unserer Ansicht nach sinnvoll ergänzt.

Bochum, im April 1990   Die Verfasser

Benutzerhinweise

Der erste Teil des Buches enthält wesentliche Grundsätze der Fallbearbeitung, die Sie überwiegend auch auf andere Rechtsgebiete übertragen können. Hier werden Sie auf typische Anfängerfehler und ihre Vermeidungsmöglichkeit aufmerksam und mit der Gutachten- und Subsumtionstechnik sowie der Darstellung umstrittener Rechtsfragen anhand von Beispielen vertraut gemacht. Den ersten Teil schließen Aufbauschemata zur Verfassungsbeschwerde, zum Organstreit und zur abstrakten Normenkontrolle ab. Beachten Sie, daß Sie bei den Zulässigkeitsprüfungen je nach Fallgestaltung nicht immer auf alle in den Aufbauschemata genannten Prüfungspunkte in gleicher Ausführlichkeit einzugehen haben. Verfahren Sie insoweit ausnahmslos nach dem Grundsatz: Unproblematisches ist möglichst kurz abzuhandeln.

Schneiden Sie bitte die Aufbauschemata an den markierten Stellen aus und legen Sie sie beim Durchgehen der Fälle neben das Buch. Sie können auf diese Weise die Aufbauschemata einüben, die Bedeutung der Prüfungspunkte erfassen, und Sie werden feststellen, daß viele Zulässigkeitsvoraussetzungen der jeweiligen Rechtsschutzform keiner strengen Reihenfolge unterliegen. Sie werden auch erkennen, daß in verschiedenen Rechtsschutzformen sachlich identische Zulässigkeitsvoraussetzungen zu prüfen sind, die häufig nur anders bezeichnet werden.

Die Auswahl der im zweiten Teil des Buches gutachterlich gelösten und erläuterten Fälle spiegelt die Themenschwerpunkte der Übungsklausuren im Öffentlichen Recht wider. Es wurde daher besonderes Gewicht auf die Verfassungsbeschwerde und die aus den Art. 3 I, 4 I, 5 I u. III, 8 I, 12 I und 14 I GG folgenden Grundrechte gelegt. Aber auch andere Verfassungsbestimmungen und Rechtsschutzformen werden behandelt.

Um Sie auf einige in Anfängergutachten häufig auftretende Mängel aufmerksam zu machen, haben wir dem korrekten Lösungsvorschlag im Fall „Krieg ist kein Kinderspiel" ein mißlungenes Gutachten gegenübergestellt.

Bevor Sie nun das Buch durcharbeiten, gestatten Sie uns noch den folgenden Hinweis: Die Erläuterungen zu den Fallösungen befinden sich in den Fußnoten und sollten unbedingt gelesen werden.

Inhalt

1. Teil:
Grundsätzliches zur Fallbearbeitung im Staatsrecht

A. Allgemeine Hinweise[1]

Bei der Fallbearbeitung im Rahmen von Aufsichtsarbeiten gibt es gewisse Regeln, die von den Studenten grundsätzlich zu wenig berücksichtigt werden. Auf diese Weise schleichen sich Mängel in die Klausurbearbeitungen ein, die bei Beachtung einiger wesentlicher Grundsätze leicht vermieden werden könnten. Dabei hat sich aufgrund von Erfahrungen der Verfasser folgendes herauskristallisiert:

I. Lesen und Erfassen des Sachverhalts

Entscheidend für eine gelungene rechtliche Prüfung ist das sorgfältige Lesen und Erfassen des Sachverhalts. Dabei ist der ausgegebene Sachverhalt, mag er auch noch so lebensfremd sein, hinzunehmen. Unterstellen Sie dem Sachverhalt nichts, bemühen Sie sich andererseits um eine möglichst vollständige Verwertung der relevanten Einzelheiten. Gegebenenfalls bestehende Zweifel sind im Rahmen der allgemeinen Lebenserfahrung im Wege der Auslegung zu beheben (gedankliche Prüfung: Was ist nach der allgemeinen Lebenserfahrung am wahrscheinlichsten?).

Für das Erfassen des Sachverhalts ist es hilfreich, wenn Sie sich nacheinander in die am Fall beteiligten Personen hineinversetzen und sich deren Interessen vergegenwärtigen.

Legen Sie beim Erfassen des Sachverhalts einen Merkzettel an, auf dem Sie Einfälle und Überlegungen festhalten, um später anhand dieses Merkzettels überprüfen zu können, ob Sie auch alle Ihre Erwägungen bei Ihrer Lösungsgliederung und der weiteren Klausurbearbeitung berücksichtigt haben.

Häufig enthält der Sachverhalt wertvolle Angaben, die Sie zu den zu behandelnden Rechtsfragen führen. Dies ist zum Beispiel dann der Fall, wenn von den im Sachverhalt aufgeführten Personen Stellungnahmen geschildert werden wie etwa „P trägt vor, es werde mit Kanonen auf Spatzen geschossen", oder „Der Bundeskanzler ist der Auffassung, der Bundespräsident habe durch seine Erklärung in die Kompetenz des Kanzlers eingegriffen. Zudem hätte er für seine Stellungnahme einer Gegenzeichnung durch den Bundeskanzler bedurft". Sie müssen als Bearbeiter eines Falles aufgrund der ersten Stellungnahme besonderes Augenmerk auf die Verhältnismäßigkeit der angegriffenen Maßnahme richten.

---

[1] Zu weitergehenden Hinweisen vgl.: Schwerdtfeger, Öffentliches Recht in der Fallbearbeitung, 10. Auflage 1997, Rn. 772 ff.

Die Wiedergabe der Auffassung des Bundeskanzlers führt Sie als Fallbearbeiter zu den Art. 65, I und 58, I GG.

II. Beachtung der konkreten Fallfrage und der Bearbeitervermerke

Beachten Sie die konkrete Fallfrage, denn nur dann können Sie den Anforderungen vom Ansatz her gerecht werden. Beispiele für Fallfragen:

„Hat die Verfassungsbeschwerde des X Aussicht auf Erfolg?" Hier ist gefragt, ob die erhobene Verfassungsbeschwerde zulässig und begründet ist[2].

„Ist das Gesetz verfassungsmäßig?" Oder: „Ist die Maßnahme der Behörde mit dem Grundgesetz zu vereinbaren?" In solchen Fällen ist nur nach der Verfassungsmäßigkeit gefragt; prozessuale Erwägungen sind daher fehl am Platz.

„Wie ist zu entscheiden?" Oder: „Wie ist die Rechtslage?" Diese Fragestellungen beziehen sich immer auf die letzten Aussagen des Sachverhalts, so daß beispielsweise Zulässigkeit und Begründetheit einer Verfassungsbeschwerde, einer Normenkontrolle, eines Organstreits etc. zu prüfen sind, wenn der Sachverhalt die Einlegung eines solchen Rechtsbehelfs nahelegt.

„Begutachten Sie die Zulässigkeit der von X erwogenen Rechtsbehelfe!" Es kommt nur auf die Zulässigkeit grundsätzlich mehrerer in Betracht kommender prozessualer Möglichkeiten an.

Berücksichtigen Sie die den Klausuren häufig hinzugefügten Bearbeitervermerke[3]. Diese sollen Ihnen die Klausurlösung erleichtern. Keinesfalls dürfen Sie Fragen prüfen, die nach dem Bearbeitervermerk nicht erörtert werden sollen. Solche Erörterungen sind überflüssig und daher im Gutachten als falsch zu bewerten. Leider wird dieser Fehler bei Klausurbearbeitungen häufig gemacht.

III. Gliedern der Arbeit

Gliedern Sie die Arbeit zumindest grob, bevor Sie anfangen zu schreiben. Sie haben so einen „Fahrplan", anhand dessen Sie die „Klausurstrecke" zurücklegen können, und Sie verzetteln sich nicht in Nebensächlichkeiten. Übernehmen Sie diese Gliederung dann auch in Ihre schriftliche Ausarbeitung und bilden Sie Überschriften, durch die Sie den Leser darauf hinweisen, was Sie als nächstes prüfen wollen. Das erleichtert dem Korrektor die Arbeit und zeigt, daß Sie die Arbeit mit Überlegung und Systematik angehen.

---

[2] Natürlich hat die Verfassungsbeschwerde nur Erfolg, wenn sie außerdem zur Entscheidung angenommen wird (vgl. §§ 93 a ff. BVerfGG). Dies haben Sie jedoch in Prüfungsarbeiten ausnahmslos nicht zu untersuchen.
[3] Vgl. beispielsweise die Fälle A. (s. S. 29) und H. (s. S. 94)

IV. Gewichtung der Arbeit

Die Arbeit darf grundsätzlich nicht kopflastig sein, d. h. wenn keine besonderen Probleme in der Zulässigkeitsstation der jeweiligen Rechtsschutzform auftreten, beträgt das Verhältnis zwischen Zulässigkeit und Begründetheit etwa 1 : 3. Überhaupt müssen Sie sich zwingen, unproblematische Punkte in der gebotenen Kürze abzuhandeln. Dagegen werden von Ihnen an den problematischen Weichenstellungen intensivere Erörterungen erwartet.

V. Abschreiben von Sachverhalt und Gesetzestext

Vermeiden Sie es, den Sachverhalt oder den Gesetzestext in Ihrer Fallösung abzuschreiben.

Vl. Zitate

In der Klausur dürfen keine Zitate erscheinen, die Sie unter Umständen noch aus den Tiefen Ihres Gedächtnisses aktivieren können und mit denen Sie glänzen wollen.

VII. Juristische „Vokabeln"

Dagegen empfiehlt es sich, die juristischen „Vokabeln" zu lernen und in der Klausur, natürlich an der richtigen Stelle und wenn es für die Fallösung relevant ist, anzubringen. „Drei-Stufen-Theorie", „Wechselwirkungslehre", „Werk- und Wirkbereich" u. ä. gehören zum ständigen Repertoire der Übungsklausuren und werden von den Prüfern verlangt.

VIII. Wortwahl

Vermeiden Sie Kraftwörter wie beispielsweise „ohne Zweifel", „unproblematisch" usw. Sie können keine Argumente ersetzen und verdecken in der Regel nur die Unsicherheit des Autors. Auch umgangssprachliche Formulierungen wie „Daher fällt Art. 14 I GG flach.", Fremdwörter, die im falschen Zusammenhang gebraucht werden und in letzter Zeit beliebter werdende englisch- und französischsprachige Formulierungen wie etwa „pouvoir neutre" sollten vermieden werden.

IX. Spezialitätsgrundsätze

Beachten Sie die Spezialitätsgrundsätze, d. h. beispielsweise für die Grundrechtsprüfung: Prüfen Sie Freiheitsrechte vor Gleichheitsrechten und spezielle Freiheitsrechte (z. B. Art. 12 I, 1 GG) vor dem allgemeinen Freiheitsrecht aus Art. 2 I GG sowie spezielle Gleichheitsrechte (z. B. Art. 3 III GG) vor dem allgemeinen Gleichheitsrecht aus Art. 3 I GG.

X. Formalien

Vermeiden Sie Fehler in Grammatik, Orthographie und Interpunktion. Beispielsweise dient die Verwendung des Ausdrucks „sex specialis" statt „lex specialis"[4] nicht nur der Erheiterung des Korrektors, sie zeigt auch Oberflächlichkeit bei der Erstellung der Reinschrift. Lesen Sie sich deshalb vor der Abgabe Ihr Gutachten noch einmal durch.

Bemühen Sie sich, Gesetze genau zu zitieren. Schreiben Sie daher etwa Art. 5 I 1, 1. HS GG statt einfach Art. 5 GG.

---

[4] Wir versichern Ihnen, daß dieses Beispiel authentisch ist.

B. Gutachten- und Subsumtionstechnik[5]

In dem von Ihnen anzufertigenden Gutachten sollen Sie einen konkreten Lebenssachverhalt rechtlich würdigen.

Beispielsfall

30 Mitglieder des „Bürgervereins B" treffen sich auf dem Marktplatz, um über die ihrer Meinung nach verfehlte Stadtplanung zu diskutieren. Wird dieses Verhalten von Art. 8 I GG geschützt?

Die rechtliche Würdigung dieses kleinen Falles verlangt von Ihnen, die Übereinstimmung des Sachverhalts mit einer Norm zu prüfen, die an bestimmte, in ihr aufgezählte Merkmale (**Tatbestandsvoraussetzungen**) die Rechtsfolge „Gewährung von Grundrechtsschutz" knüpft. Eine solche Beziehung zwischen einem Sachverhalt und einer Norm herzustellen, bereitet oftmals Schwierigkeiten: Während der Sachverhalt ein konkretes, historisch einzigartiges Geschehen widerspiegelt, enthält der Tatbestandsteil einer Norm lediglich abstrakt formulierte, allgemeine Geschehensmerkmale. Ob sich diese allgemeinen Geschehensmerkmale in dem zugrundeliegenden konkreten Sachverhalt wiederfinden, ist im Rahmen eines Gutachtens immer durch einen Schluß vom Allgemeinen auf das Besondere zu ermitteln[6]. Diesen Denkvorgang bezeichnet man auch als Syllogismus.

In einem ersten Schritt benennen Sie den Rechtssatz, der an bestimmte Tatbestandsvoraussetzungen eine der Fallfrage entsprechende Rechtsfolge knüpft (**Obersatz**). In einem zweiten Schritt stellen Sie fest, ob die Tatbestandsvoraussetzungen der Norm im konkreten Lebenssachverhalt enthalten sind (**Untersatz**). In einem dritten Schritt benennen Sie die Rechtsfolge, die sich nach der Norm bei Erfüllung der Tatbestandsmerkmale ergibt (**Schlußfolgerung**).

Die eigentliche Schwierigkeit liegt in der Bildung des Untersatzes, d.h. in der Prüfung, ob der Sachverhalt die Tatbestandsvoraussetzungen erfüllt. Hier müssen Sie besonders sorgfältig vorgehen, um Fehler zu vermeiden!

Überlegen Sie zuerst, welche Tatbestandsmerkmale die Norm, unter die Sie subsumieren wollen, aufweist. Überprüfen Sie dann nacheinander jedes Tatbestandsmerkmal auf seine Entsprechung im Sachverhalt. Auch der dazu erforderliche Gedankengang läßt sich in groben Zügen verallgemeinern: Zuerst müssen Sie das Merkmal des gesetzlichen Tatbestandes benennen, unter das Sie den

---

[5] Zu den folgenden Ausführungen vgl. insbesondere: Diederichsen, Die BGB-Klausur, 9. Auflage 1997, S. 168 ff.; ders., Einführung in das wissenschaftliche Denken, 4. Auflage 1993, passim; Schwab, Einführung in das Zivilrecht, 13. Auflage 1997, S. 6 ff.; Tettinger, Einführung in die juristische Arbeitstechnik, 2. Auflage 1992, S. 134 ff. Die einzelnen Gutachten- und Subsumtionsschritte werden in den Fällen A. (s. S. 29) und H. (s. S. 94) nochmals dargestellt.
[6] Demgegenüber wird bei einem Urteil das Ergebnis an den Anfang gestellt und durch die anschließenden Ausführungen begründet.

Sachverhalt oder einen Sachverhaltsausschnitt subsumieren. Sodann ist es erforderlich, die juristische Bedeutung des Tatbestandsmerkmals zu erfassen. **Jede Subsumtion setzt klare Rechtsbegriffe voraus!**

Die Ausführlichkeit dieser Überprüfung richtet sich danach, wie klar der Rechtsbegriff im Gesetz genannt wird und wie evident infolgedessen das Subsumtionsergebnis ausfällt. So würde niemand bei der Subsumtion des Faktenbegriffs „Buch" unter den Rechtsbegriff „bewegliche Sache" von Ihnen verlangen, die Bedeutung dieses Rechtsbegriffs zu klären, bevor Sie das Subsumtionsergebnis formulieren. Ein Buch ist evidentermaßen eine bewegliche Sache. Sie ersparen sich überflüssige Schreibarbeit und dem Leser Langeweile, wenn Sie kurz feststellen, daß es sich bei dem Buch um eine bewegliche Sache handelt, und sich der Subsumtion unter das nächste Tatbestandsmerkmal zuwenden.

In der Regel ist das Subsumtionsergebnis nicht so offensichtlich, daß die Benennung des Tatbestandsmerkmals einfach mit dem Subsumtionsergebnis verbunden werden darf. Bevor Sie dann eine Übereinstimmung von Rechts- und Faktenbegriff bejahen oder verneinen können, müssen Sie dem Leser erst noch mitteilen, was unter dem Rechtsbegriff, den Sie prüfen, zu verstehen ist.

Zur Erinnerung: Jede Subsumtion setzt klare Rechtsbegriffe voraus! Das bedeutet nichts anderes, als daß Sie das Merkmal des gesetzlichen Tatbestandes definieren müssen, und es schadet nicht, wenn Sie die Definitionen der immer wiederkehrenden Tatbestandsmerkmale auswendig gelernt haben. Das spart Ihnen wertvolle Zeit und vermeidet – beim Gebrauch „eigener", ungenauer Definitionen – den Eindruck, daß Sie grundlegende Dinge nicht beherrschen.

Beispielsweise muß im Rahmen einer jeden Zulässigkeit einer Verfassungsbeschwerde untersucht werden, ob der Beschwerdeführer prozeßfähig ist. Eine Entsprechung des Rechtsbegriffs „Prozeßfähigkeit" im Sachverhalt kann jedoch nur dann überprüft werden, wenn vorher geklärt wurde, was unter Prozeßfähigkeit überhaupt zu verstehen ist. Deshalb benennen Sie zunächst das Tatbestandsmerkmal, indem Sie schreiben: „Der Beschwerdeführer müßte prozeßfähig sein." Anschließend definieren Sie: „Prozeßfähig ist derjenige, der Prozeßhandlungen selbst oder durch einen bestimmten Vertreter vornehmen kann. Das ist insbesondere derjenige, der nach der Rechtsordnung als reif anzusehen ist, in dem vom Grundrecht geschützten Freiheitsbereich eigenverantwortlich zu handeln."

Schwierigkeiten bei der Ermittlung der Bedeutung eines Rechtsbegriffs treten auf, wenn es keine in Literatur und Rechtsprechung einheitliche Definition gibt. In diesem Fall werden zuerst die unterschiedlichen Deutungsmöglichkeiten genannt, ihre Auswirkungen auf das konkrete Subsumtionsergebnis dargestellt und schließlich gegebenenfalls gegeneinander abgewogen. Erst wenn auf diese Weise die Bedeutung des Rechtsbegriffs verbindlich festgelegt worden ist, kann seine Entsprechung im Sachverhalt gesucht und das Subsumtionsergebnis gefunden werden. Da diese Darstellung umstrittener Rechtsprobleme nicht selten einen Schwerpunkt in Klausuren und Hausarbeiten bildet, soll darauf im folgenden Kapitel ausführlicher eingegangen werden.

Haben Sie nun nach mehr oder weniger langen Ausführungen herausgefunden, was unter dem jeweiligen Tatbestandsmerkmal zu verstehen ist, argumentieren Sie mit dem konkreten, der Begutachtung zugrundeliegenden Lebenssachverhalt, ob er dem allgemeinen und nunmehr klaren Rechtsbegriff untergeordnet werden kann. Bejahen Sie das, können Sie als Ergebnis Ihrer Subsumtion festhalten, daß dieses Merkmal des gesetzlichen Tatbestandes erfüllt ist. Bezüglich der verbleibenden Tatbestandsmerkmale, deren Erfüllung für den Eintritt der Rechtsfolge der Norm[7] erforderlich ist, muß natürlich ebenso verfahren werden, also: „Zurück an den Start!"

Wenn Sie nach den erforderlichen Subsumtionen zu dem Ergebnis kommen, daß die Tatbestandsmerkmale der Norm erfüllt sind, können Sie diese Aussage als **Untersatz** formulieren und daraus die **Schlußfolgerung** ableiten, daß die Rechtsfolge der Norm, die Sie geprüft haben, eintritt. Diese soeben erläuterte Vorgehensweise soll anhand des o. g. Beispielsfalles im folgenden demonstriert werden.

Fallösung

Art. 8 I GG schützt das Verhalten der betreffenden Mitglieder des „Bürgervereins B", wenn es sich bei ihrem Treffen um eine friedliche und waffenlose Versammlung Deutscher handelt[8].

Das Verhalten der 30 Personen müßte daher zunächst die Voraussetzungen einer Versammlung erfüllen[9]. Unter einer Versammlung i. S. d. Art. 8 I GG versteht man die Zusammenkunft mehrerer Personen zum Zweck gemeinsamer Erörterungen oder Kundgebungen[10]. Bei den 30 Mitgliedern des Bürgervereins handelt es sich um mehrere Personen. Ihr Zusammentreffen ist von dem gemeinsamen Willen getragen, über die Stadtplanung zu diskutieren, so daß auch die notwendige innere Verbindung gegeben ist[11]. Die Zusammenkunft auf dem Marktplatz steht demgemäß eine Versammlung i. S. d. Art. 8 I GG dar[12].

Die Versammlung müßte weiterhin friedlich und waffenlos sein[13]. Anhaltspunkte dafür, daß die Versammlung in irgendeiner Weise den Rechtsfrieden

---

[7] Siehe „Obersatz".
[8] *Obersatz:* An die Tatbestandsvoraussetzungen „Versammlung", „friedlich", „ohne Waffen" und „Deutsche" wird die Rechtsfolge „Grundrechtsschutz" geknüpft.
[9] *Beginn der 1. Subsumtion* mit der Benennung des Tatbestandsmerkmals „Versammlung".
[10] Klärung des Rechtsbegriffs durch *Definition.*
[11] *Unterordnung des Sachverhalts unter den Rechtsbegriff.*
[12] *Ergebnis der 1. Subsumtion.*
[13] Die Subsumtionen unter das zweite und dritte Tatbestandsmerkmal können zusammengefaßt werden, weil diese Rechtsbegriffe im gegebenen Sachverhalt keine (gegenteilige) Entsprechung finden. Ihr Vorliegen kann daher unterstellt werden.

beeinträchtigen könnte, sind nicht vorhanden. Das Vorliegen dieser Tatbestandsmerkmale ist somit zu bejahen[14].

Die Versammlungsteilnehmer müßten Deutsche sein[15]. Mangels entgegenstehender Anhaltspunkte ist hiervon auszugehen[16].

Infolgedessen handelt es sich bei dem Treffen auf dem Marktplatz um eine friedliche, waffenlose Versammlung Deutscher i. S. d. Art. 8 I GG[17].

Das Verhalten der anwesenden Mitglieder wird daher von Art. 8 I GG geschützt[18].

---

[14] *Ergebnis.*
[15] Eine Definition des Rechtsbegriffs „Deutscher" wäre überflüssig, weil unter die so gefundenen Definitionsmerkmale mangels einer Entsprechung im Sachverhalt ohnehin nicht subsumiert werden könnte. Es muß unter Zugrundelegung regelmäßiger Umstände davon ausgegangen werden, daß die Versammlungsteilnehmer Deutsche sind, ohne dies – da unproblematisch – überhaupt noch näher auszuführen.
[16] *Ergebnis.*
[17] *Untersatz.*
[18] *Schlußfolgerung.*

C. Darstellung umstrittener Rechtsfragen[19]

Neben einem logischen gutachterlichen Aufbau und einer konsequenten Anwendung der Subsumtionstechnik ist eine adäquate Darstellung umstrittener Rechtsfragen für das Gelingen eines Gutachtens von Bedeutung. Die folgenden Ausführungen beziehen sich auf die Darstellung streitiger Rechtsfragen in Klausuren und Hausarbeiten gleichermaßen. Bei Klausuren kann diese Darstellung jedoch mangels ausreichender Zeit und Literatur nicht so ausführlich erfolgen, wie dies bei Hausarbeiten erwartet wird[20]. Nachfolgend wird zunächst abstrakt der Aufbau der Darstellung streitiger Rechtsfragen erklärt. Zuvor ist aber noch auf die bei der Streiterörterung zu beachtenden Grundsätze einzugehen. Abgeschlossen wird das Kapitel durch ein gutachterlich formuliertes Beispiel für die Streitdarstellung in Klausuren.

I. Grundsätze für die Darstellung umstrittener Rechtsfragen

Stellen Sie das Problem nicht, wie es naturgemäß in Lehrbüchern und Kommentaren geschieht, abstrakt, also losgelöst vom konkreten Fall dar. Stellen Sie vielmehr den Bezug zum konkreten Fall her. Dies gelingt nur dann, wenn Sie das Rechtsproblem in die Subsumtion einbinden.

Zur Vermeidung einer abstrakten Behandlung des Streits machen Sie das Problem zu eigenen Überlegungen, tun Sie mit anderen Worten so, als seien Sie selbst auf das Problem gestoßen. Schreiben Sie deshalb auch statt „Streitig ist, …" besser „Fraglich ist, …" oder „Problematisch ist, …" und vermeiden Sie aus diesem Grunde auch Formulierungen wie „Huber meint, …" oder „Nach der h. M. …" Es kommt nicht darauf an, daß gerade Huber einer bestimmten Meinung ist, sondern darauf, welche Lösungsmöglichkeiten (inhaltlich) bestehen und was für bzw. gegen die jeweilige Lösungsmöglichkeit spricht.

Arbeiten Sie Lösungsmöglichkeiten (Positionen) heraus, indem Sie Meinungen sachlich bündeln. Gliedern Sie die Darstellung des Problems nach Lösungsmöglichkeiten und nicht nach deren Vertretern.

Nur dann, wenn die herausgearbeiteten Lösungsmöglichkeiten im konkreten Fall unterschiedliche Ergebnisse bewirken, haben Sie das Rechtsproblem zu erörtern. Nehmen Sie daher vor dem Argumentationsaustausch, der Problemerörterung, eine Relevanzprüfung vor[21].

Die Problemerörterung läßt sich häufig – namentlich wenn die streitige Rechtsfrage eine Begriffsbestimmung betrifft – nach den juristischen Auslegungsmethoden aufbauen. (Sie können dann in Hausarbeiten in Form von

---

[19] Umfassend dazu: Tettinger, Einführung in die juristische Arbeitstechnik, 2. Auflage 1992, S. 191 ff. Die Darstellung umstrittener Rechtsfragen wird im Fall H. (s. S. 94) nochmals aufgegriffen.
[20] In Klausuren können Sie z. B. keine Vertreter von Meinungen nennen. Auch dürfte etwa eine historische Auslegung von Vorschriften i. d. R. Schwierigkeiten bereiten.
[21] Dazu unten unter II.

Fußnoten den jeweiligen Auslegungsmethoden diejenigen Verfasser zuordnen, die maßgeblich auf sie abstellen.)

Sie müssen nicht notwendigerweise der vermeintlich herrschenden Ansicht in der Literatur oder der Ansicht der höchstrichterlichen Rechtsprechung folgen, auch wenn taktische Erwägungen dies häufig nahelegen. Maßgeblich ist vielmehr die überzeugendste Argumentation und damit die am besten zu vertretende Lösungsmöglichkeit.

II. Aufbau der Darstellung umstrittener Rechtsfragen

Bearbeiten Sie den Fall bis zum Rechtsproblem.

Zeigen Sie das Problem auf und nennen Sie die Lösungsmöglichkeiten (Positionen).

Relevanzprüfung: Prüfen Sie in der Niederschrift, ob die Positionen bezogen auf den konkreten Fall zu unterschiedlichen Ergebnissen führen. Nur wenn das der Fall ist, ist das Rechtsproblem fallrelevant und damit erörterungswürdig. Wenn das nicht der Fall ist, legen Sie dar, daß es auf eine Erörterung und Entscheidung des Problems nicht ankommt, und bearbeiten den Fall weiter.

Problemerörterung: Sammeln Sie in einem Entwurf die Argumente für und gegen jede Position. Ordnen Sie die Argumente und stellen Sie sachlich zusammenhängende Argumente gegenüber. Regelmäßig sollten die Argumente vorangestellt werden, die Sie im folgenden widerlegen wollen. Nehmen Sie nun die eigentliche Erörterung, den Argumentationsaustausch, in Ihrer Niederschrift vor. Ihre eigene Stellungnahme liegt in der von Ihnen vorgenommenen Gewichtung der Argumente und dem daraus folgenden Ergebnis, der Problemlösung.

Da Sie das Problem zu eigenen Überlegungen gemacht haben, ist eine isolierte Stellungnahme nicht nötig.

Nehmen Sie nun die Anwendung der gefundenen Problemlösung auf den Fall wieder auf und fahren Sie in der Fallbearbeitung fort. Bei der Relevanzprüfung wurden die Auswirkungen aller möglichen Problemlösungen auf den Fall geprüft. Es ist also die Anwendung der **konkreten** Problemlösung aufzunehmen, für die Sie sich im Rahmen der Problemerörterung entschieden haben.

III. Beispiel für die Darstellung umstrittener Rechtsfragen

Beispielsfall

Die Mitglieder des „Bürgervereins B", X und Y, treffen sich auf dem Marktplatz, um über die ihrer Meinung nach verfehlte Stadtplanung zu diskutieren. X fragt, ob das Treffen mit Y vom Grundrecht der Versammlungsfreiheit geschützt wird.

Fallösung

Art. 8 I GG schützt das Treffen von X und Y, wenn es sich dabei um eine friedliche und waffenlose Versammlung Deutscher handelt.

Unter einer Versammlung i. S. d. Art. 8 I GG versteht man die Zusammenkunft mehrerer Personen zum Zweck gemeinsamer Erörterungen oder Kundgebungen. Die Zusammenkunft von X und Y ist von dem gemeinsamen Willen getragen, über die Stadtplanung zu diskutieren, so daß die notwendige innere Verbindung gegeben ist[22]. Fraglich ist, ob für eine Versammlung schon die Zusammenkunft von zwei Personen genügt[23], oder ob mehr als zwei Personen erforderlich sind[24]. Reichen zwei Personen aus, würde, nachdem das funktionale Definitionsmerkmal des Versammlungsbegriffs erfüllt ist, das Treffen von X und Y eine Versammlung darstellen[25]. Verlangt man hingegen das Zusammenkommen von mehr als zwei Personen, wäre das Treffen von X und Y keine Versammlung und würde folglich nicht vom Grundrecht der Versammlungsfreiheit geschützt[26].

Nach dem allgemeinen Sprachgebrauch ließe sich unter „Versammlung" in Abgrenzung zu den Begriffen „Treffen" oder „Zusammentreffen" die Zusammenkunft einer größeren Anzahl von Menschen, also von mehr als zwei Personen verstehen[27]. Der Begriff der Versammlung könnte aber auch deshalb gewählt worden sein, um das funktionale Moment, den gemeinsamen Zweck, herauszustellen, das die Versammlung von der Ansammlung unterscheidet. Diese verschiedenen Interpretationsmöglichkeiten zeigen, daß der Wortlaut des Begriffs „Versammlung" nicht weiter hilft.

Versammlungen werden häufig von Vereinen abgehalten. Aus diesem Grund könnte eine Heranziehung der Vorschriften des Vereinsrechts möglich sein[28]. Nach § 56 BGB wird ein Verein nur dann in das Vereinsregister aufgenommen, wenn er zumindest sieben Mitglieder hat. Gemäß § 73 BGB verliert der Verein seine Rechtsfähigkeit, wenn er weniger als drei Mitglieder aufweist. Das spricht dafür, daß eine Zusammenkunft von zwei Personen zur Erfüllung des Versammlungsbegriffs nicht ausreichen würde, sondern drei Personen erforderlich wären.

---

[22] *Bearbeitung des Falles bis hin zum Rechtsproblem.*
[23] In Hausarbeiten müßten hier die Vertreter dieser Lösungsmöglichkeit in der Fußnote angegeben werden.
[24] *Aufzeigen des Problems und Nennung der Lösungsmöglichkeiten (Positionen).* In Hausarbeiten müßten Sie auch dafür die entsprechenden Vertreter in der Fußnote angeben.
[25] *Beginn der Relevanzprüfung:* Feststellung, zu welchem Ergebnis die erste Lösungsmöglichkeit führt.
[26] *Fortführung der Relevanzprüfung:* Feststellung, zu welchem Ergebnis die andere Lösungsmöglichkeit führt. Da die Lösungsmöglichkeiten im konkreten Fall zu unterschiedlichen Ergebnissen führen, ist das Rechtsproblem fallrelevant und damit erörterungswürdig, Überlegen Sie sich Argumente für und gegen jede Position. Ordnen Sie die Argumente so, daß Sie die Problemerörterung umfassend und nachvollziehbar niederschreiben können. Beachten Sie, daß sich die Problemerörterung häufig nach den juristischen Auslegungsregeln aufbauen läßt.
[27] *Beginn des Argumentationsaustausches,* Wortlautinterpretation.
[28] Beginn der systematischen Auslegung.

Hiergegen ist einzuwenden, daß bei Berücksichtigung der vereinsrechtlichen Vorschriften eine Verfassungsbestimmung durch einfachgesetzliche Vorschriften determiniert würde. Wegen der überragenden Stellung der Verfassung in der Normenhierarchie hat sich die unterverfassungsrechtliche Vorschrift an der Verfassungsnorm zu orientieren, nicht aber umgekehrt. Die Zuhilfenahme der vereinsrechtlichen Bestimmungen zur Auslegung des Versammlungsbegriffs ist deshalb abzulehnen, ein Rückgriff auf andere Verfassungsbestimmungen bleibt aber möglich.

Das Grundrecht der Versammlungsfreiheit gehört neben Art. 5 I GG zu den Kommunikationsgrundrechten. Während Art. 5 I GG die Meinungsäußerung des Einzelnen schützt, wird von Art. 8 I GG die kollektive Meinungsäußerung erfaßt. Eine kollektive Meinungsäußerung ist aber – in Abgrenzung zu Art. 5 I GG – schon bei zwei Personen denkbar. Aus der systematischen Auslegung unter Heranziehung von Art. 5 I GG folgt, daß eine Zusammenkunft zweier Personen zur Erfüllung des Versammlungsbegriffs genügt.

Hierfür sprechen auch Sinn und Zweck des Art. 8 I GG, die darin bestehen, die Persönlichkeitsentwicklung politischer oder auch privater Art in der Gemeinschaft zu ermöglichen und zu schützen[29]. Von diesem Ansatzpunkt her ist es zur Verwirklichung eines umfassenden Grundrechtsschutzes geboten, den Versammlungsbegriff weit auszulegen und eine Zusammenkunft von zwei Personen ausreichen zu lassen.

Das Treffen von X und Y stellt daher eine Versammlung dar[30].

Damit die Versammlung von X und Y vom Grundrecht der Versammlungsfreiheit geschützt wird, müßten X und Y Deutsche sein, was mangels entgegenstehender Anhaltspunkte angenommen werden kann.

Schließlich müßte die Versammlung friedlich sein und ohne Waffen erfolgen. Hinweise auf einen gewalttätigen bzw. aufrührerischen Verlauf der Versammlung oder darauf, daß die Teilnehmer X oder Y Waffen tragen, bestehen nicht. Die Versammlung ist folglich friedlich und erfolgt auch waffenlos.

Das Treffen von X und Y stellt nach allem eine friedliche und waffenlose Versammlung Deutscher dar und wird deshalb vom Grundrecht der Versammlungsfreiheit geschützt.

---

[29] Auslegung nach Sinn und Zweck.
[30] *Wiederaufnahme der Anwendung der ermittelten Problemlösung auf den konkreten Fall und Weiterbearbeitung.*

D. Aufbauschema: Verfassungsbeschwerde

Verfassungsbeschwerde gem. Art. 93 I Nr. 4 a GG; §§ 13 Nr. 8 a, 23, 90 ff. BVerfGG

I. Zulässigkeit
1. Ordnungsgemäßer Antrag
   a) Schriftliche Einreichung, § 23 I, 1 BVerfGG
   b) Begründung, §§ 23 I, 2, 92 BVerfGG
2. Beteiligtenfähigkeit
   Gem. § 90 I BVerfGG „jedermann", der in Grundrechten oder grundrechtsgleichen Rechten verletzt sein kann. Beteiligtenfähigkeit = Grundrechtsfähigkeit.
   – Bürgerrechte: Beteiligtenfähig sind nur Deutsche.
   – juristische Personen: Beteiligtenfähigkeit richtet sich nach Art. 19 III GG.
3. Prozeßfähigkeit
   Fähigkeit, Prozeßhandlungen selbst oder durch bestimmte Vertreter vorzunehmen. Sie liegt vor, wenn der Beschwerdeführer als reif anzusehen ist, in dem vom Grundrecht geschützten Freiheitsbereich eigenverantwortlich zu handeln. Prozeßfähigkeit = Grundrechtsmündigkeit.
4. Beschwerdegegenstand
   Gem. § 90 I BVerfGG ein Akt der öffentlichen Gewalt. Akte der öffentlichen Gewalt sind Handlungen oder Unterlassungen (vgl. §§ 92, 95 I, 1 BVerfGG) der Gesetzgebung, der vollziehenden Gewalt und der Rechtsprechung (vgl. §§ 93, 94 II, 95 BVerfGG).
5. Beschwerdebefugnis
   Gem. § 90 I BVerfGG Behauptung einer Grundrechtsverletzung.
   a) Möglichkeit einer Grundrechtsverletzung (Möglichkeitsformel). Grundrechtsverletzung ist möglich, wenn sie nicht von vornherein ausgeschlossen ist, etwa weil der Schutzbereich offensichtlich nicht betroffen ist oder offensichtlich kein Eingriff vorliegt.
   b) Eigene Beschwer (i. d. R. nur bei VB gegen Gesetze relevant). Beschwerdeführer muß Adressat des Aktes der öffentlichen Gewalt sein.
   c) Gegenwärtige Beschwer (i. d. R. nur bei VB gegen Gesetze relevant). Beschwerdeführer muß aktuell betroffen sein.
   d) Unmittelbare Beschwer (i. d. R. nur bei VB gegen Gesetze relevant). Es muß sich um ein ohne Vollzugsakt wirkendes Gesetz handeln.
   e) Spezifische Grundrechtsverletzung (nur bei VB gegen Gerichtsentscheidungen).
      – durch das gerichtliche Verfahren selbst wurden Grundrechte oder grundrechtsgleiche Rechte verletzt (z. B. Art. 103 I GG);
      – das Gericht hat seine Entscheidung auf eine grundrechtswidrige Norm gestützt;
      – das Gericht hat bei der Auslegung und Anwendung einfachen Rechts grundrechtliche Wertungen nicht beachtet (mittelbare Drittwirkung von Grundrechten).
6. Rechtswegerschöpfung gem. § 90 II, 1 BVerfGG
7. Fristeinhaltung gem. § 93 BVerfGG
8. Einwand der Rechtskraft gem. § 41 BVerfGG

9. Allgemeines Rechtsschutzbedürfnis
   Das allgemeine Rechtsschutzbedürfnis fehlt, wenn die VB nicht oder nicht mehr erforderlich ist.

II. Begründetheit
   Gem. §§ 90 I, 95 I, 1 BVerfGG bei Vorliegen einer Grundrechtsverletzung.
   Grundrechtsverletzung = rechtswidriger Eingriff in den Schutzbereich des Grundrechts.
   Freiheitsrechte (zum Aufbau bei Gleichheitsrechten vgl. Fall E. und F. im 2. Teil):
   1. Verhalten des Beschwerdeführers fällt in den Schutzbereich eines Grundrechts.
   2. Akt der öffentlichen Gewalt stellt einen Eingriff dar.
      Ein Eingriff liegt vor, wenn der grundrechtlich geschützte Freiheitsbereich nachteilig betroffen ist.
   3. Verfassungsrechtliche Rechtfertigung
      Der Eingriff in den Schutzbereich des Grundrechts ist rechtswidrig, wenn er nicht durch eine rechtmäßige Grundrechtsschranke gedeckt ist.
      Fehlt ein ausdrücklicher Schrankenvorbehalt im konkreten Grundrecht (z. B. bei Art. 4 I, 5 III GG), dann kann er ersetzt werden, wenn kollidierende Grundrechte Dritter oder andere Verfassungswerte gegenüber dem als verletzt gerügten Grundrecht konkret überwiegen. Eine solche (immanente) Schranke ersetzt nur den fehlenden Schrankenvorbehalt, nicht aber ein die Schranke bildendes Gesetz selbst.
      Ein Grundrechtseingriff muß immer durch ein Gesetz legitimiert sein (rechtsstaatlicher Grundsatz des Gesetzesvorbehalts).
      a) Schranken-Schranken-Prüfung (Rechtmäßigkeit des die Schranke bildenden Gesetzes)
         aa) Erfüllung der qualifizierten Anforderungen bei qualifizierten Gesetzesvorbehalten (z. B. bei Art. 11 II GG).
         bb) Formelle Rechtmäßigkeit
            (1) Gesetzgebungskompetenz
            (2) Gesetzgebungsverfahren
         cc) Materielle Rechtmäßigkeit
            (1) Einzelfallgesetzverbot, Art. 19 I, 1 GG
            (2) Verhältnismäßigkeitsgrundsatz, Art. 20 III GG: Geeignetheit, Erforderlichkeit, Angemessenheit
            (3) Wesensgehaltsgarantie, Art. 19 II GG
               (hat neben der Angemessenheit i. d. R. keine eigenständige Bedeutung)
            (4) Bestimmtheitsgrundsatz, Art. 20 III GG
            (5) Zitiergebot, Art. 19 I, 2 GG (wird zum Teil auch zur formellen Rechtmäßigkeit gerechnet)
      b) Gegebenenfalls Rechtmäßigkeit des Einzelakts
         aa) Verhältnismäßigkeitsgrundsatz; die Anwendung der Vorschrift (der Einzelakt) muß geeignet, erforderlich und angemessen sein.
         bb) Willkürverbot; die Anwendung der Vorschrift darf nicht offensichtlich unsachgemäß sein.

E. Aufbauschema: Organstreit

Organstreit gem. Art. 93 I Nr. 1 GG; § 13 Nr. 5, 23, 63 ff. BVerfGG

I. Zulässigkeit
1. Ordnungsgemäßer Antrag
   a) Schriftliche Einreichung und Begründung, § 23 I BVerfGG
   b) Bezeichnung der Bestimmung des Grundgesetzes, gegen die der Antragsgegner verstoßen haben soll, § 64 II BVerfGG
2. Parteifähigkeit der Beteiligten gem. Art. 93 I Nr. 1 GG; § 63 BVerfGG
   a) Antragsteller
      – parteifähig sind der Bundespräsident, der Bundestag, der Bundesrat, die Bundesregierung sowie die im Grundgesetz oder in den Geschäftsordnungen des Bundestages oder des Bundesrates mit eigenen Rechten ausgestatteten Teile dieser Organe (§ 63 BVerfGG) wie beispielsweise die Fraktionen, Ausschüsse, Minister;
      – „andere Beteiligte", die das Grundgesetz oder die Geschäftsordnung eines obersten Bundesorgans mit eigenen Rechten ausstattet, Art. 93 I Nr. 1 GG. Dazu gehören etwa die Bundesversammlung und politische Parteien, wenn und soweit sie um Rechte kämpfen, die sich aus ihrem besonderen verfassungsrechtlichen Status ergeben.
   b) Antragsgegner (wie Antragsteller)
3. Prozeßführungsbefugnis des Antragstellers
   Grundsätzlich ist prozeßführungsbefugt nur der Antragsteller, der eigene Rechte wahren will. Ausnahmsweise gestattet § 64 I, 1 BVerfGG aber auch die Prozeßstandschaft des Organteils für sein Organ. Dies setzt voraus, daß das betreffende Organ selbst parteifähig ist und daß das Organteil eine ständige Gliederung des betreffenden Organs ist.
4. Streitgegenstand
   Gem. § 64 I BVerfGG eine Maßnahme oder Unterlassung des Antragsgegners. Dabei kann es sich bei einer Maßnahme in diesem Sinne auch um den Erlaß eines Gesetzes handeln.
5. Antragsbefugnis
   Gem. § 64 I BVerfGG muß der Antragsteller geltend machen, seine verfassungsrechtlichen Rechte und Pflichten seien verletzt oder unmittelbar gefährdet, d. h. der Sachvortag muß die Verletzung oder Gefährdung von durch das Grundgesetz übertragenen Rechten und Pflichten als möglich erscheinen lassen (Möglichkeitsformel). Diese Möglichkeit ist beispielsweise dann ausgeschlossen, wenn der Antragsteller Rechte anführt, die offenkundig weder ihm noch dem Organ zustehen, dem er angehört. Sie liegt außerdem dann nicht vor, wenn das Verhalten des Antragsgegners noch nicht wenigstens eine unmittelbare Gefährdung der Rechte und Pflichten des Antragstellers bewirkt oder das Verhalten nicht rechtserheblich ist.
6. Frist, § 64 III BVerfGG

II. Begründetheit

Der Antrag ist begründet, wenn die Prüfung des Verhaltens des Antragsgegners ergibt, daß es den Antragsteller oder das Organ, dem er angehört, in seinen ihm durch das Grundgesetz übertragenen Rechten oder Pflichten verletzt oder unmittelbar gefährdet. Dabei kann es immer nur um organschaftliche Rechte gehen, nicht aber um subjektiv-rechtliche Positionen wie z. B. Grundrechte.

F. Aufbauschema: Abstrakte Normenkontrolle

Abstrakte Normenkontrolle gem. Art. 93 I Nr. 2 GG; §§ 13 Nr. 6, 23, 76 ff. BVerfGG

I. Zulässigkeit
1. Ordnungsgemäßer Antrag
   a) Schriftliche Einreichung, § 23 I, 1 BVerfGG
   b) Begründung, § 23 I, 2 BVerfGG
      Inhalt der Begründung ergibt sich aus Art. 93 I Nr. 2 GG; § 76 I BVerfGG. In Anlehnung an § 92 BVerfGG wird man verlangen können, daß der Antragsteller angeben muß, welche Norm gültig oder nichtig sein soll und woraus sich diese Aussage ergibt.
2. Antragsteller
   a) Mögliche Antragsteller können nach Art. 93 I Nr. 2 GG; § 76 I BVerfGG nur die Bundesregierung, eine Landesregierung oder ein Drittel der Mitglieder des Bundestages sein.
      Hierbei handelt es sich um eine abschließende Aufzählung, so daß beispielsweise Parteien oder Fraktionen nicht zu den möglichen Antragstellern gehören.
   b) Kein Antragsgegner
      Die abstrakte Normenkontrolle ist ein objektives Verfahren zur Feststellung der Gültigkeit oder Nichtigkeit von Normen.
3. Kontrollgegenstand und Kontrollmaßstab gem. § 76 I BVerfGG
   a) Vereinbarkeit von Bundes- oder Landesrecht mit dem Grundgesetz
   b) Vereinbarkeit von Landesrecht mit dem Bundesrecht.
      Recht bedeutet Rechtsnorm jeglicher Rangstufe (formelles Gesetz, Rechtsverordnung, Satzung), die mit dem Anspruch auf Geltung auftritt. Dazu ist ein Inkrafttreten der Rechtsnorm nicht erforderlich; es genügt ihre Verkündung. Ist die Norm außer Kraft getreten, ist die abstrakte Normenkontrolle dennoch solange möglich, wie die Norm Rechtswirkungen äußert.
4. Antragsbefugnis gem. Art. 93 I Nr. 2 GG; § 76 I BVerfGG
   a) Meinungsverschiedenheiten oder Zweifel über die Gültigkeit der Rechtsnorm, Art. 93 I Nr. 2 GG.
      Nach § 76 I BVerfGG ist das der Fall, wenn der Antragsteller Bundes- oder Landesrecht
      – für nichtig hält oder
      – für gültig hält, nachdem ein Gericht, eine Verwaltungsbehörde oder ein Organ des Bundes oder eines Landes das Recht als unvereinbar mit dem Grundgesetz oder sonstigem Bundesrecht nicht angewendet hat.
   b) Erweiterung
      Zwar ist Art. 93 I Nr. 2 GG seinem Wortlaut nach weiter als § 76 I BverfGG und aufgrund der Normenhierarchie vorrangig. Die meisten Fälle werden sich aber unter die Merkmale des § 76 BVerfGG subsumieren lassen, so daß insoweit keine Schwierigkeiten auftreten.
5. Klarstellungsinteresse
   a) Klarstellung durch eine gerichtliche Entscheidung muß erforderlich erscheinen. Es ist nicht notwendig, daß der Antragsteller von der zu überprüfenden Norm betroffen ist. Insoweit sind nur geringe Anforderungen an das Klarstellungs-

interesse zu stellen. Es ist auch zulässig, wenn eine Landesregierung die Kontrolle „fremden" Landesrechts beantragt.

b) Keine Subsidiarität der abstrakten Normenkontrolle

Das Klarstellungsinteresse wird durch die Möglichkeit anderer Rechtsschutzformen nicht berührt. Selbst wenn daher der Antragsteller sein Begehren im Wege eines Organstreits oder einer Bund-Länder-Streitigkeit geltend machen könnte, wird dadurch die Zulässigkeit der abstrakten Normenkontrolle nicht eingeschränkt.

6. Frist

Der Antrag der abstrakten Normenkontrolle ist unbefristet zulässig. Eine gewisse zeitliche Eingrenzung ergibt sich allerdings aus den in 3. angeführten Aspekten.

II. Begründetheit

Der Antrag ist begründet, wenn Bundesrecht mit dem Grundgesetz oder Landesrecht mit dem Grundgesetz oder dem sonstigen Bundesrecht unvereinbar ist, § 78 BVerfGG.

2. Teil:
Fälle und gutachterliche Lösungen
mit Erläuterungen

A. Die Fronleichnamsprozession[1]

Sachverhalt

In der nordrhein-westfälischen Stadt S finden am Fronleichnamstag in mehreren Kirchengemeinden Prozessionen statt. Zahlreiche Mitglieder eines „Arbeitskreises für Friedensfragen – Selbstorganisation der Ersatzdienstleistenden" beabsichtigen, an einer dieser Prozessionen teilzunehmen. Um auf sich aufmerksam zu machen und um die Prozessionsteilnehmer „wachzurütteln", sollen 8 großflächige Transparente mitgeführt werden, auf denen u.a. zu lesen ist: „Kriegsdienstverweigern – Jesus hat nicht zum Töten aufgefordert", „Fronleichnamsprozession – Friedensprozession". Als die 20köpfige Gruppe Anstalten macht, sich in die Prozession der Kirchengemeinde „St. Bonifatius" einzuordnen, kommt es wie erwartet zu großer Unruhe und heftigen Unmutsäußerungen in den Reihen der Prozessionsteilnehmer, die sich gegen die Mitführung der Transparente wenden. Die anwesende Polizei stellt, nachdem die Demonstrantengruppe die Durchführung einer eigenen Veranstaltung an einem anderen Ort oder zu anderer Zeit abgelehnt hat, sämtliche Transparente für die Dauer der Prozession sicher, wobei sie ihre Maßnahme auf den Verstoß gegen § 167 StGB in Verbindung mit den einschlägigen Ermächtigungsnormen gründet. Nachdem die Klage gegen die Polizeimaßnahme in allen Instanzen erfolglos geblieben ist, erhebt A, ein Mitglied der Demonstrantengruppe, Verfassungsbeschwerde beim Bundesverfassungsgericht. Er sieht sich vor allem in seinen Grundrechten aus Art. 4, 5 und 8 GG verletzt. Wie wird das Bundesverfassungsgericht entscheiden?

Hinweis:

Die Bestimmungen des Versammlungsgesetzes sind außer Betracht zu lassen.

167 StGB lautet:

„(1) Wer 1. den Gottesdienst oder eine gottesdienstliche Handlung einer im Inland bestehenden Kirche oder anderen Religionsgesellschaft absichtlich und in grober Weise stört oder 2. an einem Ort, der dem Gottesdienst einer solchen

---

[1] Dieser Fall wurde im Rahmen der Anfängerübung im Öffentlichen Recht im WS 1988/89 als Klausur gestellt. Einen Überblick über die Systematik der hier behandelten Grundrechte gibt Berg, Staatsrecht, 2. Auflage 1997, S. 158f., 171ff.

Religionsgesellschaft gewidmet ist, beschimpfenden Unfug verübt, wird mit Freiheitsstrafe bis zu drei Jahren oder mit Geldstrafe bestraft.

(2) Dem Gottesdienst stehen entsprechende Feiern einer im Inland bestehenden Weltanschauungsvereinigung gleich."

Fallösung

Das Bundesverfassungsgericht wird der von A erhobenen Verfassungsbeschwerde stattgeben, wenn diese zulässig und begründet ist.

I. Zulässigkeit

Die von A erhobene Verfassungsbeschwerde ist zulässig, wenn sie die in §§ 13 Nr. 8 a, 23, 90 ff. BVerfGG dafür aufgestellten Voraussetzungen erfüllt[2].

1. Ordnungsmäßigkeit der Beschwerde[3]

A müßte zunächst seine Beschwerde ordnungsgemäß erhoben haben. Gemäß § 23 I, 1 BVerfGG ist dafür die schriftliche Einreichung erforderlich. Nach §§ 23 I, 2, 92 BVerfGG muß die Beschwerde darüber hinaus auch begründet werden. Mangels entgegenstehender Anhaltspunkte ist davon auszugehen, daß die Beschwerde des A diesen Anforderungen genügt. Sie ist daher ordnungsgemäß erhoben.

2. Beteiligtenfähigkeit[4]

A müßte befugt sein, Verfassungsbeschwerde zu erheben. Gemäß § 90 I BVerfGG kann „jedermann"[5], der in Grundrechten oder grundrechtsgleichen Rechten verletzt sein kann, der also Grundrechtsträger ist[6], Verfassungsbeschwerde erheben. A ist als natürliche Person Träger der von ihm geltend gemachten Grundrechte aus Art. 4, 5 und 8 GG[7]. Er ist damit auch beteiligtenfähig[8].

---

[2] *Obersatz*; bei diesem ersten Fall werden die einzelnen Schritte der Gutachten- und Subsumtionstechnik noch einmal deutlich gemacht.

[3] Dieser Gliederungspunkt wird in einigen Lehrbüchern an den Anfang gestellt, andere wiederum prüfen die diesbezüglichen Voraussetzungen unter der Überschrift „Form" am Ende der Zulässigkeit. (Vgl. dazu Pieroth/Schlink, Grundrechte Staatsrecht II, 14. Aufl. 1998, Rn. 1121 ff., 1163)

[4] Mitunter hat sich diesbezüglich auch der Terminus „Parteifähigkeit" eingebürgert. Die Begriffe meinen jedoch dasselbe.

[5] *Tatbestandsmerkmal.*

[6] *Definition.*

[7] *Unterordnung des Sachverhaltes.*

[8] *Ergebnis der Subsumtion.*

3. Prozeßfähigkeit[9]

A müßte weiterhin prozeßfähig sein, d. h. er müßte fähig sein, Prozeßhandlungen selbst oder durch einen Vertreter vorzunehmen. Das ist dann der Fall, wenn er als reif anzusehen ist, in dem vom Grundrecht geschützten Freiheitsbereich eigenverantwortlich zu handeln. An einer solchen Grundrechtsmündigkeit des A bestehen mangels entgegenstehender Anhaltspunkte keine Zweifel.

4. Beschwerdegegenstand

Gemäß § 90 I BVerfGG müßte sich die Verfassungsbeschwerde des A gegen einen Akt der öffentlichen Gewalt[10] richten. Die öffentliche Gewalt umfaßt die drei Staatsgewalten Gesetzgebung, vollziehende Gewalt und Rechtsprechung[11] (vgl. § 93 III, 94 I – IV, 95 II, III BVerfGG). Die Polizeimaßnahme stellt sich als ein Akt der vollziehenden Gewalt, das letztinstanzliche Gerichtsurteil als ein Akt der Rechtsprechung dar[12]. Beide Akte, gegen die A sich wenden kann, sind infolgedessen solche der öffentlichen Gewalt[13].

5. Beschwerdebefugnis

Gemäß § 90 I BVerfGG müßte A die Verletzung eines seiner Grundrechte oder grundrechtsgleichen Rechte behaupten[14]. Dazu reicht es aus, wenn nach dem Vortrag des Beschwerdeführers die Verletzung in einem der von ihm genannten Rechte nicht von vornherein ausgeschlossen erscheint[15]. Die Polizeimaßnahme richtete sich gegen das Mitführen der Transparente während der Prozession. Als möglicherweise betroffene Grundrechte kommen daher Art. 4, 5 und 8 GG in Betracht. Daß diese durch die Polizeimaßnahme auch verletzt worden sind,

---

[9] Die Prozeßfähigkeit ist in den Prozeß- oder Gerichtsordnungen geregelt und richtet sich z. B. im Zivilprozeß nach der Geschäftsfähigkeit (vgl. § 52 f. ZPO). Im BVerfGG ist die Prozeßfähigkeit nicht allgemein geregelt. Wegen der Eigenart der verfassungsrechtlichen Verfahren darf auch nicht einfach auf die Regelungen anderer Prozeß- oder Gerichtsordnungen, etwa der ZPO oder der VwGO zurückgegriffen werden. Man wird vielmehr aus den Gerichtsordnungen einen allgemeinen Rechtsgedanken dergestalt entnehmen, daß bei jedem gerichtlichen Verfahren die Prozeßfähigkeit erforderlich ist. Das Bundesverfassungsgericht (vgl. BVerfGE 1, 87, 89; 51, 405, 407) stellt dabei auf die einzelnen in Betracht kommenden Grundrechte ab (vgl. Jarass/Pieroth, GG, 3. Aufl. 1995, Art. 93 Rn. 39).
[10] *Tatbestandsmerkmal.*
[11] *Definition.*
[12] *Subsumtion.*
[13] *Ergebnis.*
[14] *Tatbestandsmerkmal.*
[15] *Definition.* Eine Verletzung wäre beispielsweise dann völlig ausgeschlossen, wenn offensichtlich der Schutzbereich von Grundrechten nicht eröffnet ist, ein Eingriff keinesfalls festzustellen ist oder ein etwaiger Eingriff ohne eingehende Prüfung verfassungsrechtlich gerechtfertigt erscheint (vgl. dazu Pieroth/Schlink, Grundrechte Staatsrecht II, 14. Auflage 1998, Rn. 1128 f.). Auf die parallele Problematik der Klagebefugnis im Verwaltungsprozeßrecht, das Sie demnächst kennenlernen, sei an dieser Stelle hingewiesen (eingehend dazu Schmitt Glaeser, Verwaltungsprozeßrecht, 14. Auflage 1997, Rn. 150 ff.).

erscheint nicht offensichtlich ausgeschlossen[16]. A ist deshalb beschwerdebefugt i.S. d. § 90 I BverfGG[17].

6. Rechtswegerschöpfung

Nach § 90 II, 1 BVerfGG ist eine Verfassungsbeschwerde erst nach Erschöpfung des Rechtsweges zulässig. A hat gegen die Polizeimaßnahme in allen Instanzen erfolglos geklagt. Der Rechtsweg ist daher erschöpft.

7. Frist

Von der Fristwahrung nach § 93 I BVerfGG kann im vorliegenden Fall ausgegangen werden.

8. Ergebnis

Die Voraussetzungen der §§ 13 Nr. 8 a, 23, 90 ff. BVerfGG sind erfüllt[18]. Die Verfassungsbeschwerde des A ist daher zulässig[19].

II. Begründetheit

Die Verfassungsbeschwerde ist begründet, wenn A durch die Polizeimaßnahme in einem seiner Grundrechte oder in einem grundrechtsgleichen Recht verletzt ist[20].

1. Verletzung von Art. 4 I GG

Die Sicherstellung der Transparente könnte das Grundrecht des A aus Art. 4 I GG verletzen. Eine Grundrechtsverletzung liegt dann vor, wenn rechtswidrig in den Schutzbereich eingegriffen wird.

a) Betroffenheit des Schutzbereichs

Ein Eingriff setzt zunächst die Betroffenheit des Schutzbereichs voraus. Das wäre hier dann der Fall, wenn das Mitführen der Transparente sich als Wahrnehmung der Glaubens-, Gewissens- oder Bekenntnisfreiheit[21] darstellte. Die von Art. 4 I GG geschützte Freiheit umfaßt nicht nur die innere Freiheit zu glauben, sondern auch die äußere Freiheit, den Glauben zu manifestieren, zu

---

[16] *Subsumtion.*
[17] *Ergebnis.*
[18] *Untersatz.*
[19] *Schlußfolgerung.* Die Zulässigkeit bot in diesem Fall keine Probleme. Die hier vorgestellte Lösung bietet daher ein Beispiel dafür, wie Sie sich der einzelnen Voraussetzungen knapp, aber zutreffend „entledigen" können.
[20] *Obersatz.*
[21] *Tatbestandsmerkmal.*

bekennen und zu verbreiten. Geschützt wird damit auch das Recht des Einzelnen, sein gesamtes Verhalten an den Lehren seines Glaubens auszurichten und seiner Überzeugung gemäß zu handeln[22]. Dafür, daß A durch Mitführen der Transparente eben dieses Recht wahrgenommen hat, könnte die äußere Form seines Verhaltens, nämlich die von ihm gewollte Verbindung mit der Fronleichnamsprozession, sprechen, die gerade ein typisches Beispiel für eine Glaubensmanifestation liefert. Allein auf die äußere Form abzustellen hätte jedoch die Konsequenz, daß leicht jedes beliebige Thema uneingeschränkten Schutz durch Art. 4 I GG gewinnen könnte. Entscheidendes Merkmal für die Wahrnehmung der Glaubens-, Gewissens- oder Bekenntnisfreiheit ist daher die Thematik der auf den Transparenten zu lesenden Aufforderung „Kriegsdienst verweigern – Jesus hat nicht zum Töten aufgefordert", „Fronleichnamsprozession – Friedensprozession". Diese Äußerung enthält zumindest teilweise das Bekenntnis zum christlichen Glauben und appelliert an die Prozessionsteilnehmer, eine Gewissensentscheidung gegen den Wehrdienst, die auch durch Art. 4 III GG geschützt wird, zu treffen[23]. Sie ist daher Ausdruck der von Art. 4 I GG geschützten Freiheit, so daß der Schutzbereich dieses Grundrechts betroffen ist[24].

b) Eingriff

Die Sicherstellung der Transparente müßte ein Eingriff in die von A wahrgenommene Freiheit sein, gemäß seiner Überzeugung zu handeln. Ein Eingriff ist jedes staatliche Handeln, das dem Einzelnen ein Verhalten, das in den Schutzbereich eines Grundrechts fällt, unmöglich macht[25]. Die Sicherstellung der Transparente durch die Polizei bewirkte, daß A für die Dauer der Prozession seine Überzeugung in der von ihm gewählten Form nicht kundgeben konnte. Die Ausübung der durch Art. 4 I GG gewährleisteten Freiheit war ihm dadurch nicht möglich. Ein Eingriff in den Schutzbereich liegt daher vor.

c) Rechtfertigung

Trotz des Eingriffs in den Schutzbereich ist A dann nicht in seinem Grundrecht aus Art. 4 I GG verletzt, wenn der Eingriff verfassungsrechtlich gerechtfertigt ist. Das ist dann der Fall, wenn Art. 4 I GG unter dem Vorbehalt eines einschränkenden Gesetzes[26] steht und dieses Gesetz, dem der Einzelakt entsprechen muß, selbst verfassungsmäßig ist.

---

[22] *Definition.*
[23] *Subsumtion.*
[24] *Ergebnis.* Hier lag bereits ein Schwerpunkt der Klausur, der eine sorgfältige Subsumtion und Argumentation verlangte.
[25] Dies ist eine gängige Definition, die Sie in der Klausur ohne längeres Nachdenken parat haben müssen.
[26] Schrankenvorbehalt.

aa) Schrankenvorbehalt

Art. 4 I GG enthält keinen ausdrücklichen Schrankenvorbehalt. Er könnte jedoch dem Schrankenvorbehalt des Art. 2 I GG oder dem des Art. 5 II GG unterliegen[27]. Dagegen ist einzuwenden, daß Art. 4 I GG zu Art. 2 I GG und, soweit Überschneidungen überhaupt in Betracht kommen, zu Art. 5 II GG im Verhältnis der Spezialität steht[28]. Wenn in einem solchen Fall der Verfassunggeber das Grundrecht der Dispositionsfreiheit des einfachen Gesetzgebers entziehen wollte, so ergibt sich daraus die Unzulässigkeit einer Schrankenübertragung.

Der Eingriff in das Grundrecht des A könnte aufgrund eines verfassungsimmanenten Schrankenvorbehaltes gerechtfertigt sein. Dieser ersetzt einen ausdrücklichen Schrankenvorbehalt[29] dann, wenn kollidierende Grundrechte Dritter oder andere mit Verfassungsrang ausgestattete Rechtswerte gegenüber dem geltend gemachten Grundrecht überwiegen. Als kollidierende Grundrechte Dritter kommen hier die Grundrechte der übrigen Prozessionsteilnehmer aus Art. 4 I GG in Betracht, die durch das Verhalten des A an einer ungestörten Manifestation ihres Glaubens gehindert werden. Dafür, daß diese Grundrechte gegenüber dem Grundrecht des A aus Art. 4 I GG überwiegen, spricht zunächst, daß aufgrund der Anzahl und der Größe der mitgeführten Transparente der Aufzug ein völlig anderes Gepräge erhalten hätte. Die Fronleichnamsprozession bekäme teilweise den Charakter einer politischen Demonstration. Darüber hinaus ist zu berücksichtigen, daß das Verhalten des A bei der überwiegenden Mehrheit der Prozessionsteilnehmer auf Ablehnung gestoßen ist. Aus diesen Gründen ist ein verfassungsimmanenter Schrankenvorbehalt im vorliegenden Fall zu bejahen.

bb) Schranken-Schranken-Prüfung

Das diesen Gesetzesvorbehalt konkretisierende Gesetz ist die Ermächtigungsgrundlage für die Sicherstellung i. V. m. § 167 StGB. Diese müßte formell und materiell verfassungsmäßig sein. Im Sachverhalt sind keine näheren Angaben dazu enthalten, auf welche Ermächtigungsgrundlage die Polizei ihr Vorgehen gestützt hat. Daher ist von der formellen und materiellen Verfassungsmäßigkeit derselben auszugehen.

cc) Verfassungsmäßigkeit des Einzelakts

Schließlich müßte der auf der Ermächtigungsgrundlage beruhende Einzelakt selbst verfassungsgemäß, insbesondere verhältnismäßig gewesen sein. Die Si-

---

[27] Hier könnte man auch daran denken, die Schrankenregelung der inkorporierten Artikel der Weimarer Reichsverfassung (vgl. Art. 140 GG) zu übernehmen. Dies wird jedoch von Ihnen im Rahmen einer Klausur nicht erwartet (vgl. dazu Pieroth/Schlink, Grundrechte Staatsrecht II, 14. Aufl. 1998, Rn. 536 f.).

[28] BVerfGE 32, 98, 107 f.

[29] Beachten Sie unbedingt, daß auch ein immanenter Vorbehalt lediglich den ausdrücklichen Schrankenvorbehalt im Text des betreffenden Artikels, nicht aber ein einschränkendes Gesetz selbst ersetzt, weil nach dem rechtsstaatlichen Gebot des Gesetzesvorbehalts bei Eingriffen in Grundrechte stets ein Gesetz im materiellen Sinn den Eingriff legitimieren muß.

cherstellung der Transparente war geeignet, die Grundrechtsbeeinträchtigung der anderen Prozessionsteilnehmer zu verhindern. Sie stellte auch das mildeste Mittel eines polizeilichen Eingriffs dar und war infolgedessen erforderlich. Die Maßnahme dürfte nicht außer Verhältnis zu dem mit ihr verfolgten Zweck gestanden haben. Hierbei ist ausschlaggebend, daß dem A seine Grundrechtsausübung nicht unmöglich gemacht wurde, sondern daß ihm die Möglichkeit eröffnet war, die Veranstaltung unter Einsatz der Transparente an einem anderen Ort oder zu einer anderen Zeit durchzuführen. Die Maßnahme war damit auch verhältnismäßig im engeren Sinne.

dd) Ergebnis

Der Grundrechtseingriff ist damit gerechtfertigt[30].

d) Ergebnis

Die Sicherstellung der Transparente verletzt nicht das Grundrecht des A aus Art. 4 I GG.

2. Verletzung von Art. 4 II GG

A könnte durch die Polizeimaßnahme in seinem Grundrecht aus Art. 4 II GG verletzt sein. Eine rechtswidrige Schutzbereichsbeeinträchtigung ist jedoch nur dann möglich, wenn Art. 4 II GG überhaupt einen eigenständigen Schutzbereich hat. Dies ist nicht der Fall, wenn man die durch Art. 4 I GG gewährleistete Glaubens-, Gewissens- und Bekenntnisfreiheit, wie das oben geschehen ist, weit definiert, darunter also auch die sog. „äußere Freiheit" faßt, den Glauben zu manifestieren, zu bekennen und zu verbreiten. Interpretiert man Art. 4 I GG auf diese Weise, so handelt es sich bei Art. 4 II GG lediglich um eine Legaldefinition ohne eigenen konstitutiven Charakter[31]. Eine Verletzung von Art. 4 II GG scheidet somit aus.

3. Verletzung von Art. 5 I, 1 1. HS GG

Die Sicherstellung der Transparente könnte A in seinem Grundrecht aus Art. 5 I, 1 1. HS GG verletzen. Dann müßte rechtswidrig in den Schutzbereich dieses Grundrechts eingegriffen worden sein.

a) Betroffenheit des Schutzbereichs

Zunächst müßte der Schutzbereich des Grundrechts betroffen sein. Das wäre dann der Fall, wenn es sich bei dem Mitführen der Transparente um eine durch

---

[30]   Die verfassungsrechtliche Rechtfertigung innerhalb der Prüfung des Art. 4 I GG stellt sich, wie die Ausführungen gezeigt haben, als ein Schwerpunkt dieses Gutachtens heraus.
[31]   BVerfGE 24, 236, 245.

Art. 5 I, 1 1. HS GG geschützte[32] Meinungsäußerung[33] gehandelt hätte. Unter Meinung i. S. d. Art. 5 I, 1 1. HS GG versteht man wertende Betrachtungen von Tatsachen, Verhaltensweisen oder Verhältnissen, unabhängig davon, ob sie „richtig" oder „falsch", emotional oder rational begründet sind[34]. Bei dem Mitführen der Plakate kommen Werturteile über die Einrichtung des Wehrdienstes zum Ausdruck[35]. Es handelt sich dabei folglich um eine Meinungsäußerung[36]. Diese Meinungsäußerung müßte von Art. 5 I, 1 1. HS GG geschützt werden[37]. Das wäre zu verneinen, wenn im vorliegenden Fall Art. 4 I GG gegenüber Art. 5 I, 1 1. HS GG das speziellere Grundrecht wäre. Dazu müßte Art. 4 I GG alle Merkmale des Art. 5 I, 1 1. HS GG und zusätzliche, besondere Merkmale enthalten, sowie sich auf dieselbe Freiheitsbeeinträchtigung beziehen[38]. Nach der o. g. weiten Definition des Schutzbereichs umfaßt Art. 4 I GG alle Formen der auch durch Art. 5 I, 1 1. HS GG geschützten Meinungsäußerung, wenn ihre Inhalte zusätzlich solche religiöser oder weltanschaulicher Art sind. Sowohl Art. 4 I GG als auch Art. 5 I, 1 1. HS GG bezieht sich auf die Freiheit, seine inneren Ansichten anderen mitzuteilen[39]. Art. 4 I GG ist infolgedessen hier lex specialis gegenüber der in Art. 5 I, 1 1. HS GG verbürgten allgemeinen Meinungsäußerungsfreiheit. Das Mitführen der Transparente wird demgemäß nicht von Art. 5 I, 1 1. HS GG geschützt[40], so daß der Schutzbereich dieses Grundrechts nicht betroffen ist.

b) Ergebnis

Die Polizeimaßnahme verletzt A nicht in seinem Grundrecht aus Art. 5 I, 1 1. HS GG[41].

4. Verletzung von Art. 8 I GG

A könnte durch die Sicherstellung der Transparente in seinem Grundrecht aus Art. 8 I GG verletzt sein. Auch das setzt einen rechtswidrigen Eingriff in den Schutzbereich des Grundrechts voraus.

---

[32] *1. Tatbestandsmerkmal.*
[33] *2. Tatbestandsmerkmal.*
[34] *Definition.*
[35] *Subsumtion.*
[36] *Ergebnis der Subsumtion.*
[37] *Wiederaufgreifen des anderen Tatbestandsmerkmals.*
[38] *Definition.*
[39] *Subsumtion.*
[40] *Ergebnis der Subsumtion.*
[41] Mit dem Argument, es diene dem Ziel eines möglichst weitgehenden Grundrechtsschutzes, beide Grundrechte selbständig nebeneinander und unabhängig voneinander bestehen zu lassen und keines zugunsten des anderen zu verkürzen, können Sie die Betroffenheit des Schutzbereichs auch bejahen. Bei der Rechtfertigung des Eingriffs müssen Sie dann darauf achten, daß als „allgemeines Gesetz" i. S. d. Art. 5 II GG nur die Ermächtigungsgrundlage für das polizeiliche Einschreiten in Betracht kommt. Allein § 167 StGB enthält keine Ermächtigung für ein Einschreiten der Polizei.

a) Betroffenheit des Schutzbereichs

Das Verhalten des A müßte durch Art. 8 I GG geschützt sein. Dazu ist zunächst erforderlich, daß es sich bei dem Verhalten der Mitglieder des „Arbeitskreises für Friedensfragen" um eine Versammlung[42] handelte. Unter einer Versammlung versteht man die Zusammenkunft mehrerer Personen zu einem gemeinsamen Zweck, der in der Meinungsäußerung oder -bildung liegt[43]. Die 20köpfige Gruppe, deren Mitglied A war, erfüllt zahlenmäßig diese Anforderung. Der gemeinsame Zweck lag auch in der Meinungsäußerung durch Mitführung der Transparente[44]. A hat also an einer Versammlung teilgenommen[45]. Diese war auch friedlich und waffenlos[46]. Davon, daß die Teilnehmer der Versammlung Deutsche waren, kann mangels entgegenstehender Anhaltspunkte ausgegangen werden.

Die Versammlung kann nur dann durch Art. 8 I GG geschützt sein, wenn dieses Grundrecht zu Art. 4 I GG im Verhältnis der Idealkonkurrenz[47] steht. Idealkonkurrenz liegt vor, wenn ein Eingriffsakt Freiheitsrechte mit unterschiedlichem Freiheitsbereich berührt[48]. Das ist dann der Fall, wenn nicht der Tatbestand des einen Grundrechts alle Merkmale des anderen Grundrechts und zusätzlich besondere Merkmale enthält. Art. 4 I GG schützt auch die Glaubensbetätigung außerhalb von Versammlungen und ist insoweit weiter als Art. 8 I GG. Art. 8 I GG schützt seinerseits auch Versammlungen, die andere als in Art. 4 I GG bezeichnete Inhalte haben. Beide Grundrechte schützen also unterschiedliche Freiheitsbereiche[49] und stehen daher im Verhältnis der Idealkonkurrenz[50]. Der Schutzbereich von Art. 8 I GG ist demnach betroffen[51].

b) Eingriff

Die Sicherstellung der Transparente müßte die Voraussetzungen eines Eingriffs erfüllen, dem A also die Ausübung seines Grundrechts aus Art. 8 I GG unmög-

---

[42] *1. Tatbestandsmerkmal.*
[43] *Definition.*
[44] *1. Subsumtion.* Insoweit können Sie auf Ihre Ausführungen zu Art. 5 I, 1 1. HS GG verweisen, wo Sie bereits zu der Frage, ob das Mitführen der Transparente Meinungsäußerung ist, Stellung genommen haben.
[45] *Ergebnis.*
[46] Die Subsumtionen unter das 2. und 3. Tatbestandsmerkmal sind so offensichtlich, daß die kurze Feststellung des Ergebnisses ausreicht. Gleiches gilt für das 4. Tatbestandsmerkmal „Deutsche".
[47] *Voraussetzung.* Idealkonkurrenz bedeutet, daß die betreffenden Grundrechte nebeneinander Anwendung finden. Der Gegensatz zur Idealkonkurrenz ist die Spezialität, die dann vorliegt, wenn der Tatbestand eines (speziellen) Grundrechts alle Merkmale eines (allgemeinen) Grundrechts enthält und zusätzlich besondere Merkmale aufweist, und wenn sich beide Grundrechte auf dieselbe Freiheitsbeeinträchtigung beziehen. Auch diese Definition sollten Sie sich merken!
[48] *Definition.*
[49] *Subsumtion.*
[50] *Ergebnis.*
[51] Neben der Verhältnismäßigkeit der staatlichen Maßnahme im Rahmen des Art. 4 I GG zeigt sich nunmehr deutlich, daß ein weiterer Schwerpunkt des Gutachtens in der Klärung des Verhältnisses der Grundrechte aus Art. 4 II, 5 I, 1 1. HS und 8 I GG zu Art. 4 I GG lag. Auf eine gelungene und vertretbare Lösung war daher besondere Sorgfalt zu verwenden.

lich machen[52]. Die Polizeimaßnahme bewirkt, daß der Zweck der Versammlung, die Meinungsäußerung zur Wehrdienstverweigerung, vereitelt wird[53]. Ein Eingriff liegt daher vor[54].

c) Rechtfertigung

Der Eingriff in den Schutzbereich von Art. 8 I GG könnte verfassungsrechtlich gerechtfertigt sein[55]. Gemäß Art. 8 II GG können Versammlungen im Freien, was hier gegeben ist, durch Gesetz oder aufgrund eines Gesetzes beschränkt werden[56].

aa) Schranken-Schranken-Prüfung

Als einschränkendes Gesetz kommt hier die Ermächtigungsgrundlage für das polizeiliche Einschreiten i.V.m. § 167 StGB in Betracht[57], von deren formeller und materieller Verfassungsmäßigkeit auszugehen ist.

bb) Verfassungsmäßigkeit des Einzelaktes

Wie bereits ausgeführt, ist der auf der Ermächtigungsgrundlage beruhende Einzelakt, die Sicherstellung der Transparente, ebenfalls rechtmäßig[58].

cc) Ergebnis

Der Eingriff in den Schutzbereich des Art. 8 I GG ist daher gerechtfertigt.

d) Ergebnis

Die Polizeimaßnahme verletzt nicht das Grundrecht des A aus Art. 8 I GG.

III. Ergebnis

A ist in keinem seiner Grundrechte oder grundrechtsgleichen Rechte verletzt[59]. Die von ihm erhobene Verfassungsbeschwerde ist daher unbegründet und wird vom Bundesverfassungsgericht abgewiesen[60].

---

[52] *Voraussetzung und Definition.*
[53] *Subsumtion.* An dieser Stelle können Sie auch noch auf Ihre Ausführungen zum Schutzbereich verweisen: Schutz von Meinungsäußerungen in der besonderen Form der Versammlung.
[54] *Ergebnis.*
[55] *Voraussetzung.* Der (aufmerksame) Leser erinnert sich noch an die oben bei Art. 4 I GG gegebene Definition für eine verfassungsrechtliche Rechtfertigung. Auf eine Wiederholung können Sie also verzichten und sofort zur Subsumtion schreiten.
[56] Schrankenvorbehalt.
[57] Rechtmäßigkeit der Schranke.
[58] Rechtmäßiger Einzelakt.
[59] *Untersatz.*
[60] *Schlußfolgerung.*

B. Handicapped[1]

Sachverhalt

A ist seit ihrer Geburt körperlich behindert, was eine deutliche Verlangsamung der Motorik und des Sprechens sowie eine feinmotorische Beeinträchtigung der Hände zur Folge hat. Trotzdem konnte sie ihre Grundschulzeit – ohne eine Klasse wiederholen zu müssen – in einer Regelschule absolvieren. Sie erhielt während dieser Zeit sonderpädagogischen Förderunterricht im Fach Mathematik und wurde von einem Zivildienstleistenden im Unterricht begleitet. Zum Frühjahr 1995/96 wechselte A im 5. Jahrgang zu einer integrierten Grundschule.

Die Schulbehörde stellte aufgrund eines Beratungsgutachtens einen sonderpädagogischen Förderbedarf fest und verfügte die Überweisung auf eine Sonderschule für Körperbehinderte.

Die Eltern der A wandten sich gegen diese Entscheidung an das zuständige Kultusministerium, welches aber die Überweisung bestätigte und zugleich deren sofortige Vollziehung anordnete. Als Begründung wurde angeführt, daß die Unterrichtung der A zu einer Überlastung der Lehrkräfte (an der Gesamtschule) und damit zu einer Unterrichtsbeeinträchtigung – auch für nichtbehinderte Schüler – führe. Nach dem erstellten Beratungsgutachten bedürfe A im Fach Mathematik der erweiterten sonderpädagogischen Förderung in Form von wöchentlich fünf Stunden Einzelunterricht und in weiteren – insbesondere naturwissenschaftlichen – Fächern, in denen eine zielgleiche Unterrichtung nicht möglich sei, zusätzliche Hilfe im Wege der Unterrichtsbegleitung durch eine pädagogisch oder therapeutisch vorgebildete „Stützkraft".

Die von A gegen die Überweisung erhobene Klage wurde abgewiesen. Das als letzte Instanz zuständige Oberverwaltungsgericht kam zu dem Ergebnis, daß die Überweisungsentscheidung weder formell noch materiell zu beanstanden sei. Eine sonderpädagogische Förderung der A an der Gesamtschule sei aus „organisationsbedingten" Umständen nicht möglich. Gegen diese Entscheidung des Oberverwaltungsgerichts richtet sich die form- und fristgerecht erhobene Verfassungsbeschwerde der A.

Prüfen Sie die Erfolgsaussichten!

Auszug aus dem Schwerbehindertengesetz (SchbG):

„§ 1 Schwerbehindert im Sinne dieses Gesetzes sind Personen mit einem Grad der Behinderung von wenigstens 50 %, sofern sie ihren Wohnsitz, ihren gewöhnlichen Aufenthalt oder ihre Beschäftigung auf einem Arbeitsplatz im Sinne des § 7 I rechtmäßig im Geltungsbereich dieses Gesetzes haben."

---

[1] Dieser Fall wurde im Rahmen der Anfängerübung im SS 1998 als Klausur gestellt. Er ist der Entscheidung des Bundesverfassungsgerichts vom 30. 7. 1996, abgedruckt in NJW 1997, 1062 f., und dem anschließenden Beschluß vom 8. 10. 1997, abgedruckt in NJW 1998, 131 ff., nachgebildet.

„§ 3 (1) Behinderung im Sinne dieses Gesetzes ist die Auswirkung einer nicht nur vorübergehenden Funktionsbeeinträchtigung, die auf einem regelwidrigen körperlichen, geistigen oder seelischen Zustand beruht. Regelwidrig ist der Zustand, der von dem für das Lebensalter typischen abweicht. Als nicht nur vorübergehend gilt ein Zeitraum von mehr als sechs Monaten.

Bei mehreren sich gegenseitig beeinflussenden Funktionsbeeinträchtigungen ist deren Gesamtwirkung maßgeblich."

Auszug aus dem Schulgesetz Mecklenburg-Vorpommern (SchulG M-V):

„§ 34 (1) Kinder und Jugendliche, die zur Entwicklung ihrer geistigen, körperlichen, seelischen, sozialen oder kommunikativen Fähigkeiten sonderpädagogischer Hilfe bedürfen, haben einen Anspruch auf sonderpädagogische Förderung in den Schulen. Sie erhalten sonderpädagogische Förderung und erforderlichenfalls im Benehmen mit dem örtlichen Träger der öffentlichen Jugendhilfe individuelle Hilfen. ...

(2) Sonderpädagogischer Förderbedarf besteht bei Kindern und Jugendlichen, die in ihren Bildungs-, Entwicklungs- oder Lernmöglichkeiten so beeinträchtigt sind, daß sie im Unterricht oder in ihrer praktischen Berufsausbildung ohne sonderpädagogische Unterstützung nicht hinreichend gefördert werden können. ...

(4) Auf Antrag der Erziehungsberechtigten, der allgemeinen oder der beruflichen Schule stellt die zuständige Schulaufsichtsbehörde den sonderpädagogischen Förderbedarf fest. Grundlage der Entscheidung über Art, Umfang und Dauer und über die Voraussetzungen für einen angemessenen Unterricht ist ein sonderpädagogisches Gutachten, das von der zuständigen Schulaufsichtsbehörde eingeholt wird. ...

(5) Die Erziehungsberechtigten entscheiden darüber, ob ihr Kind eine allgemeine Schule oder eine Förderschule besucht. Die zuständige Schulaufsichtsbehörde muß der Entscheidung widersprechen, wenn an der gewählten allgemeinen Schule die sachlichen oder personellen Voraussetzungen für die notwendigen sonderpädagogischen Maßnahmen nicht gegeben sind oder wenn aufgrund der allgemeinen pädagogischen Bedingungen erhebliche Zweifel bestehen, ob der Schüler in der allgemeinen Schule angemessen gefördert werden kann. Halten die Erziehungsberechtigten ihre Entscheidung nicht aufrecht, entscheidet das Kultusministerium."

„§ 35 (1) Bei Gewährleistung der räumlichen, sachlichen und personellen Voraussetzungen findet möglichst wohnortnah gemeinsamer Unterricht behinderter und nichtbehinderter Schüler in der allgemeinbildenden Schule oder in der beruflichen Schule (Integrationsklassen) statt. ..."

„§ 36 (1) Schüler mit sonderpädagogischem Förderbedarf, die im gemeinsamen Unterricht in allgemeinen Schulen nicht hinreichend gefördert werden können, werden in Förderschulen unterrichtet. Förderschulen sind in ihrer pädagogischen Arbeit auf den individuellen Förderbedarf der Schüler ausgerichtet."

Fallösung

Die Verfassungsbeschwerde der A hat Aussicht auf Erfolg, wenn sie zulässig und begründet ist.

I. Zulässigkeit

Die Verfassungsbeschwerde ist zulässig, wenn die in §§ 13 Nr. 8 a, 23, 90 ff. BVerfGG genannten Sachentscheidungsvoraussetzungen erfüllt sind.

1. Ordnungsgemäßer Antrag

Die Verfassungsbeschwerde wurde von A form- und fristgerecht i. S. d. §§ 23 I, 1 und 2, 93 BVerfGG erhoben[2].

2. Beteiligtenfähigkeit

Gemäß § 90 I BVerfGG kann „jedermann" Verfassungsbeschwerde erheben[3]. Das ist derjenige, der in seinen Grundrechten oder grundrechtsgleichen Rechten verletzt sein kann, also jeder, der Träger der im konkreten Fall berührten Grundrechte ist. A wendet sich in der Sache gegen eine Ungleichbehandlung gegenüber den nichtbehinderten Schülern und rügt damit eine Verletzung von Art. 3 GG. Als natürliche Person ist A Trägerin des Grundrechts aus Art. 3 GG. Sie ist damit „jedermann" i. S. d. § 90 I BVerfGG.

3. Prozeßfähigkeit

A müßte prozeßfähig sein[4]. Man versteht darunter die Fähigkeit, Prozeßhandlungen selbst oder durch einen Vertreter vorzunehmen. A ist jedenfalls in der Lage, durch ihre Eltern Prozeßhandlungen vorzunehmen. Sie ist daher prozeßfähig[5].

---

[2] Anlaß für eine Prüfung bestand nicht, weil die Erfüllung dieser Voraussetzungen bereits im Sachverhalt vorgegeben war.

[3] Vermeiden Sie es, unter „Beteiligtenfähigkeit" zu subsumieren. Beteiligtenfähigkeit ist kein Gesetzesbegriff, sondern nur das Etikett für die von Verfahren zu Verfahren wechselnden Voraussetzungen, unter denen jemand an einem gerichtlichen oder behördlichen Verfahren teilnehmen kann. Subsumtionsfähig ist allein der Gesetzesbegriff „jedermann" in § 90 I BVerfGG.

[4] Die Prozeßfähigkeit ist im BVerfGG nicht ausdrücklich als eigenständige Sachentscheidungsvoraussetzung genannt. Sie entspricht jedoch einem allgemeinen Rechtsgedanken, wonach bei jedem gerichtlichen Verfahren die Prozeßfähigkeit erforderlich ist. Vgl. Fall A. Die Fronleichnamsprozession, Fn. 9.

[5] A ist minderjährig. Bei Minderjährigen prüfen Sie i. d. R., ob sie als reif anzusehen sind, in dem von dem Grundrecht geschützten Freiheitsbereich eigenverantwortlich zu handeln. Ist das der Fall, kommt es nicht darauf an, ob die Erziehungsberechtigten die Verfassungsbeschwerde für den Minderjährigen führen wollen oder nicht. Da die Prüfung der Grundrechtsmündigkeit wegen des geringen Alters der A nicht sicher geprüft werden kann, andererseits aber die Eltern die Verfassungsbeschwerde für die A führen wollen, ist es sicherer, bei der Prozeßfähigkeit auf die Vornahme von Prozeßhandlungen durch einen Vertreter abzustellen.

4. Beschwerdegegenstand

Gemäß § 90 I BVerfGG müßte sich die Verfassungsbeschwerde der A gegen einen Akt der öffentlichen Gewalt richten. Unter öffentlicher Gewalt versteht man die drei Staatsgewalten Gesetzgebung, vollziehende Gewalt und Rechtsprechung, §§ 92, 93 III, 94 I–IV, 95 II, III BVerfGG. Die Verfassungsbeschwerde der A richtet sich gegen die letztinstanzliche Entscheidung des Oberverwaltungsgerichts, also einen Akt der Rechtsprechung. Ein tauglicher Beschwerdegegenstand liegt daher vor.

5. Beschwerdebefugnis

Gemäß § 90 I BVerfGG müßte A die Verletzung eines ihrer Grundrechte oder grundrechtsgleichen Rechte behaupten. Die Behauptung einer Grundrechtsverletzung allein führt nicht zu der mit der Vorschrift bezweckten Eingrenzung des Kreises der Beschwerdebefugten[6]. Deshalb ist zumindest erforderlich, daß eine Grundrechtsverletzung durch den Akt der öffentlichen Gewalt möglich ist[7]. Möglich ist eine Grundrechtsverletzung dann, wenn sie nicht offensichtlich und nach jeder Betrachtungsweise ausgeschlossen ist.

Die Möglichkeit einer Grundrechtsverletzung besteht bei dieser weiten Auslegung aber schon dann, wenn Akte der Rechtsprechung gegen einfaches Recht und damit gegen den Vorrang des Gesetzes in Art. 20 III GG verstoßen. Allein die Möglichkeit einer Grundrechtsverletzung für die Beschwerdebefugnis genügen zu lassen, würde dazu führen, daß das Bundesverfassungsgericht gezwungen wäre, erforderlichenfalls auch die Auslegung des einfachen Rechts zu überprüfen und ggf. zu korrigieren. Das Bundesverfassungsgericht würde zu einer „Superrevisionsinstanz". Gerade das ist gemäß Art. 93 I Nr. 4 a GG aber nicht seine Aufgabe. Prüfungsmaßstab sind danach allein die Grundrechte und grundrechtsgleichen Rechte. Aus diesem Grund ist die Beschwerdebefugnis erst dann gegeben, wenn die Möglichkeit einer in diesem Sinn spezifischen Verfassungsverletzung besteht[8]. Bei Verfassungsbeschwerden gegen Gerichtsurteile ist das dann der Fall, wenn durch das gerichtliche Verfahren selbst Grundrechte oder grundrechtsgleiche Rechte verletzt wurden, wenn das Gericht seine Entscheidung auf eine grundrechtswidrige Norm gestützt oder wenn es bei der Auslegung und Anwendung einfachen Rechts grundrechtliche Wertungen nicht beachtet hat[9].

---

[6] Das Merkmal der Beschwerdebefugnis soll wie in den anderen Prozeßordnungen die Popularbeschwerde ausschließen.
[7] Sog. Möglichkeitstheorie, die bei Verfassungsbeschwerden gegen Exekutivakte zur Begründung der Beschwerdebefugnis ausreicht. Zu den Besonderheiten der Beschwerdebefugnis bei Verfassungsbeschwerden gegen Gerichtsurteile und gegen Legislativakte s. S. 23 f. Aufbauschema D.
[8] Zur Möglichkeit einer spezifischen Verfassungsverletzung lesen Sie bitte Pieroth/Schlink, Grundrechte Staatsrecht II, 14. Aufl. 1998, Rn. 1172 ff. Dort werden auch andere Lösungswege zur Definition einer spezifischen Verfassungsverletzung aufgezeigt, Rn. 1179, 1181, 1183 ff.
[9] Das bedeutet, daß das Bundesverfassungsgericht eine gerichtliche Entscheidung bestehen läßt, eine dagegen gerichtete Verfassungsbeschwerde also erfolglos bleibt, wenn die Entscheidung „nur" gesetzeswidrig, nicht aber im engeren Sinn verfassungswidrig ist.

Die Beschwerdeführerin rügt eine Verletzung des Gleichheitsgrundsatzes, indem sie vorträgt, durch die Entscheidung des Oberverwaltungsgerichts gegenüber den anderen Schülern der 5. Klasse an der integrierten Gesamtschule, die nicht auf eine Sonderschule überwiesen wurden, ungleich behandelt zu werden. Insofern erscheint es nicht von vornherein ausgeschlossen, daß das Gericht bei der Auslegung und Anwendung des Schwerbehindertengesetzes oder des Schulgesetzes Mecklenburg-Vorpommern grundrechtliche Wertungen nicht beachtet hat.

Die Möglichkeit einer spezifischen Verfassungsverletzung ist daher gegeben. A ist beschwerdebefugt.

6. Rechtswegerschöpfung

Nach § 90 II, 1 BVerfGG ist eine Verfassungsbeschwerde erst nach Erschöpfung des Rechtswegs zulässig. A hat gegen die Überweisung auf eine Sonderschule für Körperbehinderte in allen Instanzen erfolglos geklagt. Der Rechtsweg ist daher erschöpft.

7. Ergebnis

Auch die übrigen in §§ 13 Nr. 8 a, 23, 90 ff. BVerfGG genannten Sachentscheidungsvoraussetzungen sind erfüllt. Die Verfassungsbeschwerde der A ist daher zulässig.

II. Begründetheit

Die Verfassungsbeschwerde ist begründet, wenn A durch die Entscheidung des Oberverwaltungsgerichts in einem ihrer Grundrechte oder grundrechtsgleichen Rechte verletzt ist.

1. Verletzung von Art. 3 III, 2 GG[10]

Das Urteil des Oberverwaltungsgerichts könnte die Beschwerdeführerin in ihrem Grundrecht aus Art. 3 III, 2 GG verletzen. Danach darf niemand wegen seiner Behinderung benachteiligt werden.

---

[10] Nach der Rechtsprechung des Bundesverfassungsgerichts hat Art. 3 III, 2 GG nicht nur deklaratorische Bedeutung in dem Sinn, daß eine Behinderung kein sachlicher Grund für eine Ungleichbehandlung ist, sondern enthält ein eigenständiges und gegenüber Art. 3 I GG spezielles Diskriminierungsverbot. Bei der Prüfung einer Verletzung von Art. 3 III, 2 GG ist zu beachten, daß Gegenstand nur Differenzierungen sein können, die auf einer Behinderung beruhen. Differenzierungen, die auf anderen Unterschiedlichkeiten der Person oder der Lebensumstände beruhen, bleiben von dem Differenzierungsverbot unberührt. Sie können allenfalls eine Verletzung des allgemeinen Gleichheitssatzes in Art. 3 I GG oder anderer spezieller Gewährleistungen des Gleichheitssatzes auslösen.

a) Ungleichbehandlung

Eine Verletzung von Art. 3 III, 2 GG setzt voraus, daß jemand, der eine Behinderung hat, gegenüber Personen, die nicht behindert sind, ungleich behandelt wird[11].

Aus dem Wortlaut des Art. 3 III, 2 GG läßt sich nicht entnehmen, was unter einer Behinderung zu verstehen ist[12]. Aus der Entstehungsgeschichte ergibt sich aber, daß der verfassungsändernde Gesetzgeber an das Begriffsverständnis angeknüpft hat, das im Zeitpunkt der Verfassungsänderung gebräuchlich war und in § 3 I, 1 SchbG Ausdruck gefunden hat[13]. Unter einer Behinderung versteht man danach die Auswirkung einer nicht nur vorübergehenden Funktionsbeeinträchtigung, die auf einem regelwidrigen körperlichen, geistigen oder seelischen Zustand beruht. Dieses Begriffsverständnis entspricht im übrigen auch den international üblichen Abgrenzungen des Begriffs.

A leidet seit ihrer Geburt unter einer deutlichen Verlangsamung der Motorik und des Sprechens sowie einer feinmotorischen Beeinträchtigung der Hände. Sie hat daher eine Behinderung i. S. d. Art. 3 III, 2 GG.

Durch die Entscheidung des Oberverwaltungsgerichts wurde die Überweisung der A auf eine Sonderschule für Körperbehinderte bestätigt und ihr damit der Wechsel in den 5. Jahrgang einer integrierten Gesamtschule versagt. Die Beschwerdeführerin wurde dadurch gegenüber den Schülern der 5. Klasse an der integrierten Gesamtschule, die nicht auf eine Sonderschule überwiesen wurden, ungleich behandelt.

b) Verfassungsrechtliche Rechtfertigung

Die Ungleichbehandlung ist verfassungsrechtlich gerechtfertigt, wenn sie verhältnismäßig ist, also einen legitimen Zweck verfolgt, zur Erreichung dieses

---

[11] Eine Ungleichbehandlung liegt nach dem allgemeinen Gleichheitssatz dann vor, wenn wesentlich Gleiches ungleich behandelt wird. Durch Art. 3 III, 2 GG wird verfassungsrechtlich verankert, daß Behinderte und Nichtbehinderte wesentlich gleich sind. Das ist Ausdruck der Spezialität. Geprüft werden muß daher nur, ob der jeweilige Beschwerdeführer i. S. d. Art. 3 III, 2 GG behindert ist und ob er gegenüber einer nicht behinderten Personengruppe ungleich behandelt wird.
[12] Sie erinnern sich daran, daß jede Subsumtion klare Rechtsbegriffe voraussetzt. Da es eine allgemeine anerkannte Definition des Behindertenbegriffs nicht gibt, muß die Bedeutung dieses Rechtsbegriffs durch Auslegung ermittelt werden. Die Auslegung erfolgt regelmäßig nach Wortlaut, Entstehungsgeschichte, Systematik, Sinn und Zweck.
[13] Bitte machen Sie sich klar, daß wir das Schwerbehindertengesetz nicht im Rahmen einer systematischen Auslegung zur Definition des Behindertenbegriffs in Art. 3 III, 2 GG heranziehen. Das wäre auch unzulässig. Denn aufgrund der Normenhierarchie kann Verfassungsrecht nicht durch einfachgesetzliche Normen definiert werden. Der Inhalt des Verfassungsrechts stünde sonst zur Disposition des einfachen Gesetzgebers. Das schließt es aber nicht aus, daß man auf methodologisch einwandfreiem Weg im Ergebnis dazu gelangen kann, daß die Bedeutung des Verfassungsbegriffs mit der Bedeutung desselben Begriffs im einfachen Recht identisch ist. Das kann z. B. wie hier über die historische oder über die teleologische Auslegung erfolgen.

Zwecks geeignet und erforderlich ist und in angemessenem Verhältnis zu dem Wert des Zwecks steht[14].

aa) Verfolgung eines legitimen Zwecks

Die Entscheidung des Oberverwaltungsgerichts dient der Erhaltung der Funktionsfähigkeit des in dem Schulgesetz Mecklenburg-Vorpommern kodifizierten Schulsystems. Dieser Zweck ist nur dann legitim, wenn das Schulgesetz, soweit es die unterschiedliche Behandlung von behinderten und nichtbehinderten Schülern regelt, den verfassungsrechtlichen Vorgaben, insbesondere Art. 7 I, 6 II und 2 I GG entspricht[15].

Die Einrichtung von Förderschulen neben den allgemeinbildenden Schulen gemäß § 36 SchulG M-V müßte verfassungsgemäß sein. Nach Art. 7 I GG steht das gesamte Schulwesen unter der Aufsicht des Staates. Die Aufsicht des Staates beinhaltet die Befugnis zur Planung und Organisation des Schulwesens mit dem Ziel, ein Schulsystem zu gewährleisten, das allen jungen Menschen gemäß ihren Fähigkeiten die den heutigen gesellschaftlichen Anforderungen entsprechenden Bildungsmöglichkeiten eröffnet. Dieses Schulsystem muß aufgrund des verfassungsrechtlichen Schutzauftrags in Art. 3 III, 2 GG so beschaffen sein, daß auch behinderten Schülern eine sachgerechte schulische Erziehung, Bildung und Ausbildung ermöglicht wird. Zu der Organisationsbefugnis des Staates im Schulwesen gehört deshalb auch die Einrichtung von allgemeinen und Förderschulen. Es ist daher nicht zu beanstanden, daß das Land Mecklenburg-Vorpommern neben den allgemeinen auch Förderschulen eingerichtet hat.

Der Vorbehalt des räumlich, sächlich und personell Möglichen bei der integrativen Beschulung von behinderten und nichtbehinderten Schülern in § 35 I SchulG M-V müßte verfassungsgemäß sein. Der Staat kann seine Aufgabe, ein begabtengerechtes Schulsystem bereitzustellen, von vornherein nur im Rahmen seiner finanziellen und organisatorischen Möglichkeiten erfüllen. Der Gesetzgeber muß bei seinen Entscheidungen auch andere Gemeinschaftsbelange berücksichtigen und sich die Möglichkeit erhalten, die nur begrenzt verfügbaren

---

[14] Das Bundesverfassungsgericht differenziert bei den Anforderungen an die verfassungsrechtliche Rechtfertigung von Ungleichbehandlungen nach der Intensität, mit der die Ungleichbehandlung den Grundrechtsträger beeinträchtigt. Bei Ungleichbehandlungen geringer Intensität soll für die verfassungsrechtliche Rechtfertigung das Vorhandensein eines sachlichen Grundes genügen. Bei Ungleichbehandlungen größerer Intensität, also z. B. solchen, die auf einem der in Art. 3 III GG verbotenen Kriterien beruhen, soll ein *gewichtiger* sachlicher Grund erforderlich sein, der erst dann vorliegt, wenn die Ungleichbehandlung verhältnismäßig ist (vgl. Pieroth/Schlink, Grundrechte Staatsrecht II, 14. Aufl. 1998, Rn. 438 f.). Es besteht aber kein Zweifel daran, daß eine Ungleichbehandlung, die nicht dem allgemeinen rechtsstaatlichen Verhältnismäßigkeitsgrundsatz entspricht, in keinem Fall verfassungsrechtlich gerechtfertigt sein kann, unabhängig davon, mit welcher Intensität sie den Grundrechtsträger beeinträchtigt. Da die Differenzierung nach dem Grad der Beeinträchtigung von Art. 3 GG nicht ausdrücklich vorgegeben ist, haben wir daher ohne weiteres mit der Prüfung der Verhältnismäßigkeit begonnen.
[15] Die Prüfung eines legitimen Zwecks für die Ungleichbehandlung gibt Anlaß für die Prüfung, ob das Oberverwaltungsgericht seine Entscheidung auf eine verfassungswidrige Norm gestützt hat. In diesem Fall läge eine spezifische Verfassungsverletzung vor (s. o. Beschwerdebefugnis).

öffentlichen Mittel dafür einzusetzen, wenn er es für erforderlich hält. Es ist deshalb verfassungsrechtlich auch nicht zu beanstanden, daß die Gewährleistung eines integrativen Unterrichts von behinderten und nichtbehinderten Schülern in § 35 SchulG M-V unter dem Vorbehalt des organisatorisch, personell und von den sächlichen Voraussetzungen her Möglichen steht.

Schließlich müßte auch die Regelung in § 34 V, 2 SchulG M-V, wonach die Schulaufsichtsbehörde gegen den Willen der Erziehungsberechtigten den Besuch einer Förderschule anordnen kann, verfassungsmäßig sein. Betroffen sind von dieser Regelung das Recht des Schülers auf möglichst ungehinderte Entwicklung seiner Persönlichkeit aus Art. 2 I GG und das elterliche Erziehungsrecht aus Art. 6 II, 1 GG. Beide Gewährleistungen stehen aber in praktischer Konkordanz mit der Schulhoheit des Staates aus Art. 7 I GG und dem damit verbundenen zumindest faktischen Monopol im Bereich der Schulen und mit dem Benachteiligungsverbot in Art. 3 III, 2 GG, aufgrund dessen der Staat für behinderte Schüler eine besondere Verantwortung trägt. Aufgrund dieser Gewährleistungen sind bei voneinander abweichenden Vorstellungen eine eingehende Prüfung des Elternwunsches und eine Auseinandersetzung mit dem darin zum Ausdruck kommenden Erziehungsplan erforderlich.

Der Schulgesetzgeber des Landes Mecklenburg-Vorpommern hat den verfassungsrechtlichen Vorgaben aus Art. 6 II, 1 GG insoweit Rechnung getragen, als die Erstentscheidung hinsichtlich des Besuchs einer allgemeinen Schule oder einer Förderschule gemäß § 34 V, 1 SchulG M-V bei den Erziehungsberechtigten liegt. Bei der Lösung eines Konflikts zwischen Eltern und Kindern einerseits und der Schulverwaltung andererseits hat sich der Gesetzgeber mit der Einführung eines sonderpädagogischen Gutachtens nach § 34 IV SchulG M-V um eine weitgehende Objektivierung der behördlichen Entscheidungsfindung bemüht, um dadurch zu einer auch von den Betroffenen akzeptierten Entscheidung zu gelangen. Dieser Rahmen erscheint geeignet, die Grundrechtsposition des behinderten Schülers und seiner Eltern zur Geltung zu bringen und das Benachteiligungsverbot aus Art. 3 III, 2 GG angemessen zur Geltung zu bringen.

Das Schulgesetz Mecklenburg-Vorpommern entspricht daher den verfassungsrechtlichen Vorgaben, soweit es die unterschiedliche Behandlung von behinderten und nichtbehinderten Schülern regelt. Die Entscheidung des Oberverwaltungsgerichts verfolgt daher einen legitimen Zweck.

bb) Geeignetheit

Die Bestätigung der Überweisungsverfügung müßte zur Zweckerreichung geeignet sein. Das ist dann der Fall, wenn der angestrebte Zweck durch die hoheitliche Maßnahme zumindest gefördert wird.

Nach dem Beratungsgutachten steht fest, daß A der sonderpädagogischen Förderung bedarf. Diese besteht nach dem Gutachten im Fach Mathematik in einer erweiterten sonderpädagogischen Förderung in Form von fünf Stunden Einzelunterricht und in weiteren Fächern, in denen eine zielgleiche Unterrichtung nicht möglich ist, in einer zusätzlichen Hilfe durch eine pädagogisch und therapeutisch vorgebildete Stützkraft. Es handelt sich dabei um eine Förderung, die in einer durchschnittlich besetzten Schulklasse von den jeweiligen Lehrkräften ohne einen erheblichen Mehraufwand an Lehrstunden nicht erbracht werden kann. Die personellen Ressourcen für die Leistung eines solchen Mehraufwandes sind aber an einer allgemeinen Schule nicht einschränkungslos vorhanden. Es trägt daher zum Erhalt der Funktionsfähigkeit des Schulsystems bei, Schüler mit einem sonderpädagogischen Förderbedarf auf eine Sonderschule zu überweisen.

cc) Erforderlichkeit

Die Bestätigung der Überweisungsverfügung müßte erforderlich sein. Das wäre dann der Fall, wenn sie unter gleich geeigneten Entscheidungen das mildeste Mittel zur Erreichung des angestrebten Zwecks ist. Gegenüber der Überweisung auf eine Sonderschule besteht hier nur die Möglichkeit, die Beschwerdeführerin zu einer allgemeinen Schule wechseln zu lassen. Die Überweisung auf eine allgemeine Schule würde aber die Funktionsfähigkeit des Schulsystems nicht in gleicher Weise gewährleisten. Ein milderes, zur Zweckerreichung aber gleichermaßen geeignetes Mittel ist daher nicht gegeben. Die Bestätigung der Überweisungsentscheidung ist daher auch erforderlich.

dd) Angemessenheit

Sie müßte auch angemessen sein. Das wäre dann der Fall, wenn in einer Gesamtabwägung die Schwere der Ungleichbehandlung außer Verhältnis zu den sie rechtfertigenden Gründen stünde[16].

Aufgrund des Beratungsgutachtens steht fest, daß der Beschwerdeführerin der Besuch einer allgemeinen Schule durch einen vertretbaren Einsatz von sonderpädagogischer Förderung nicht ermöglicht werden kann. Durch die nur begrenzte Förderung an einer allgemeinen Schule würden ihr Entfaltungs- und Betätigungsmöglichkeiten vorenthalten bleiben, die den anderen Schülern aufgrund der dort geleisteten Ausbildung eröffnet wären. Die mit dem Ausschluß von einer allgemeinen Schule verbundene Benachteiligung wird zudem durch die auf die Behinderung bezogenen Förderungsmaßnahmen bei dem Besuch einer Sonderschule in weitem Umfang kompensiert. Insofern handelt es sich bei der Entscheidung des Oberverwaltungsgerichts nicht um eine Maßnahme, durch die der A Leistungen, die grundsätzlich jedermann zustehen, verwehrt werden. Die Ungleichbehandlung der A steht deshalb nicht außer Verhältnis zu dem mit der Bestätigung der Überweisungsverfügung verfolgten Zweck.

Die Entscheidung ist daher auch angemessen.

---

[16] Sie prüfen hier, ob das Gericht bei der Auslegung und Anwendung einfachen Rechts grundrechtliche Wertungen außer acht gelassen hat. Auch das wäre eine bei der Urteilsverfassungsbeschwerde relevante spezifische Verfassungsverletzung (s. o. Beschwerdebefugnis).

c) Ergebnis

Die Ungleichbehandlung der A durch die Entscheidung des Oberverwaltungsgerichts ist verfassungsrechtlich gerechtfertigt. A ist daher nicht in ihrem Grundrecht aus Art. 3 III, 2 GG verletzt.

2. Verletzung von Art. 3 I GG

Der allgemeine Gleichheitssatz ist gegenüber Art. 3 III, 2 GG subsidiär. Eine
Verletzung kommt daher nicht in Betracht.

III. Ergebnis

A ist in keinem ihrer Grundrechte oder grundrechtsgleichen Rechte verletzt. Die
Verfassungsbeschwerde ist daher unbegründet. Sie hat keine Aussicht auf Erfolg.

C. Grüne Heinzelmännchen e. V.[1]

Sachverhalt

Die politische Studentenvereinigung „Grüne Heinzelmännchen e. V." will sich gegen die ihrer Meinung nach verfehlte Stadtplanung der nordrhein-westfälischen Stadt B zu Wehr setzen. Dazu kündigt sie auf Plakaten und Flugblättern eine Großdemonstration auf dem Stadtplatz in B an. Trotz der massiven Werbung erscheinen nur 10 Personen. Der Vorsitzende der Vereinigung, P, greift unbeirrt zu seinem Megaphon und hält – zum Mißfallen der Anwohner – eine flammende Rede. Er ist erstaunt, als ihm in der folgenden Woche ein Bußgeldbescheid der zuständigen Ordnungsbehörde in Höhe von 200 DM wegen unzulässiger Benutzung eines lärmverursachenden Tongerätes unter Hinweis auf §§ 10, 17 I lit. e LlmSchG NW (Landesimmissionsschutzgesetz NW), § 65 OWiG (Gesetz über Ordnungswidrigkeiten) zugestellt wird. P fühlt sich in seinen Grundrechten verletzt. Er trägt vor, das Landesimmissionsschutzgesetz sei schon unter bundesstaatlichen Aspekten unhaltbar. Außerdem werde hier mit „Kanonen auf Spatzen geschossen". Die Anrufung der ordentlichen Gerichte bleibt erfolglos. Hat eine Verfassungsbeschwerde Aussicht auf Erfolg?

Auszug aus dem Landesimmissionsschutzgesetz:

„§ 1 (1) Dieses Gesetz gilt für die Errichtung und für den Betrieb von Anlagen sowie für das Verhalten von Personen, soweit dadurch schädliche Umwelteinwirkungen verursacht werden können. ..."

„§ 3 (1) jeder hat sich so zu verhalten, daß schädliche Umwelteinwirkungen vermieden werden, soweit das nach den Umständen des Einzelfalles möglich und zumutbar ist. ..."

„§ 10 (1) Geräte, die der Schallerzeugung oder Schallwiedergabe dienen (Musikinstrumente, Tonwiedergabegeräte und ähnliche Geräte), dürfen nur in solcher Lautstärke benutzt werden, daß unbeteiligte Personen nicht erheblich belästigt werden. ... (3) Die örtliche Ordnungsbehörde kann auf Antrag von den Bestimmungen der Absätze 1 und 2 im Einzelfall Ausnahmen zulassen. ..."

„§ 17 (1) Ordnungswidrig handelt, wer vorsätzlich oder fahrlässig ... e) entgegen § 10 Abs. 1 Geräte in solcher Lautstärke benutzt, daß unbeteiligte Personen erheblich belästigt werden."

---

[1] Dieser Fall wurde im Rahmen der Anfängerübung im SS 1988 als Klausur gestellt. Er ist der Entscheidung des Bundesverfassungsgerichts EuGRZ 1979, 299 nachgebildet.

Auszug aus dem Bundesimmissionsschutzgesetz:

„§ 2 (1) Die Vorschriften dieses Gesetzes gelten für 1. die Errichtung und den Betrieb von Anlagen, 2. das Herstellen, Inverkehrbringen und Einführen von Anlagen, Brennstoffen und Treibstoffen, Stoffen und Erzeugnissen aus Stoffen nach Maßgabe der §§ 32 bis 37, 3. die Beschaffenheit, die Ausrüstung, den Betrieb und die Prüfung von Kraftfahrzeugen und ihren Anhängern und von Schienen-, Luft- und Wasserfahrzeugen sowie von Schwimmkörpern und schwimmenden Anlagen nach Maßgabe der §§ 38 bis 40 und 4. den Bau öffentlicher Straßen sowie von Eisenbahnen und Straßenbahnen nach Maßgabe der §§ 41 bis 43.“

Auszug aus dem Gesetz über Ordnungswidrigkeiten:

„§ 65 Die Ordnungswidrigkeit wird, soweit dieses Gesetz nichts anderes bestimmt, durch Bußgeldbescheid geahndet.“

Fallösung

Eine Verfassungsbeschwerde des P hat Aussicht auf Erfolg, wenn sie zulässig und begründet wäre[2].

I. Zulässigkeit einer Verfassungsbeschwerde

Eine Verfassungsbeschwerde des P wäre zulässig, wenn die Sachentscheidungsvoraussetzungen erfüllt wären.

1. Ordnungsgemäßer Antrag

P müßte den Antrag gemäß § 23 I, 1 BVerfGG schriftlich einreichen und gemäß §§ 23 I, 2, 92 BVerfGG begründen.

2. Beteiligtenfähigkeit

P müßte beteiligtenfähig sein. Gemäß § 90 I BVerfGG ist jedermann beteiligtenfähig, der in Grundrechten verletzt sein kann. Das trifft nur für denjenigen zu, der Träger von Grundrechten ist. Daran besteht bei P kein Zweifel. In einer von P zu erhebenden Verfassungsbeschwerde wäre er daher beteiligtenfähig.

---

[2] In der Aufgabenstellung wird nach dem Erfolg einer Verfassungsbeschwerde des P gefragt. Erfolg hat eine Verfassungsbeschwerde nur dann, wenn sie zulässig und begründet ist. Im Sachverhalt der Klausur werden dem Bearbeiter Hinweise gegeben, worauf er wohl einzugehen hat: P trägt vor, das LImSchG NW „sei schon unter bundesstaatlichen Aspekten unhaltbar“. Dies deutet darauf hin, daß es im Rahmen der Schranken-Schranken-Prüfung auf die Gesetzgebungskompetenz ankommen wird. P trägt außerdem vor, es werden mit Kanonen auf Spatzen geschossen“. Daraus folgt, daß der Verhältnismäßigkeitsprüfung der Bußgeldfestsetzung besondere Bedeutung zukommen kann.

3. Prozeßfähigkeit

P müßte auch prozeßfähig sein. Unter Prozeßfähigkeit versteht man die Fähigkeit, Prozeßhandlungen selbst oder durch bestimmte Vertreter vorzunehmen. Sie liegt dann vor, wenn der Beschwerdeführer als reif anzusehen ist, in dem von den Grundrechten geschützten Freiheitsbereich eigenverantwortlich zu handeln. Auch daran besteht für P mangels entgegenstehender Anhaltspunkte kein Zweifel. P wäre also auch prozeßfähig.

4. Beschwerdegegenstand

Für eine Verfassungsbeschwerde des P müßte ein tauglicher Beschwerdegegenstand vorliegen. Als tauglicher Beschwerdegegenstand kommt gemäß § 90 I BVerfGG eine Maßnahme der öffentlichen Gewalt in Frage. Unter öffentlicher Gewalt sind – wie sich aus den §§ 93 I und III, 94 II bis IV und 95 I bis III BVerfGG ergibt – die drei Staatsgewalten Gesetzgebung, vollziehende Gewalt und Rechtsprechung zu verstehen. Der Bußgeldbescheid und die Entscheidungen der ordentlichen Gerichte sind Maßnahmen der vollziehenden Gewalt bzw. der Rechtsprechung. Sie wären folglich taugliche Beschwerdegegenstände[3].

5. Beschwerdebefugnis

P müßte beschwerdebefugt sein. Beschwerdebefugt ist gemäß § 90 I BVerfGG, wer geltend macht, durch eine Maßnahme der öffentlichen Gewalt in Grundrechten verletzt zu sein. Einerseits reicht das bloße subjektive Empfinden des Beschwerdeführers, in Grundrechten verletzt zu sein, nicht aus, andererseits muß aber auch eine Grundrechtsverletzung des Beschwerdeführers nicht positiv bestehen[4]. Es genügt vielmehr, daß nach dem Vorbringen des Beschwerdeführers eine Grundrechtsverletzung möglich ist[5]. Dies ist dann der Fall, wenn eine Verletzung von Grundrechten nicht von vornherein ausgeschlossen ist[6]. Anlaß für den Bußgeldbescheid war, daß P bei seiner Rede anläßlich einer Demonstration am 30. 4. 1988 ein Megaphon benutzte. In Betracht kommen könnte hier deshalb eine Verletzung der Kommunikationsgrundrechte Art. 5 I, 1 1. HS und Art. 8 I GG sowie des Art. 2 I GG. Es ist nicht evidentermaßen ausgeschlossen,

---

[3] Der Beschwerdeführer hat die Wahl, ob er den Bußgeldbescheid, die Entscheidungen oder alles zusammen zum Beschwerdegegenstand erhebt. Im vorliegenden Fall stellen die Entscheidungen der Gerichte lediglich eine Bestätigung des Bußgeldbescheides dar und haben – anders als etwa zivilrechtliche Entscheidungen, die den ersten und einzigen Akt öffentlicher Gewalt darstellen insoweit keine eigenständige Bedeutung. Im weiteren Verlauf der Fallösung wird daher der Bußgeldbescheid als maßgeblicher Beschwerdegegenstand angesehen.

[4] Ob eine Grundrechtsverletzung wirklich vorliegt, ist keine Frage der Zulässigkeit einer Verfassungsbeschwerde, sondern der Begründetheit (vgl. §§ 90 I, 95 I, 1 BVerfGG).

[5] Sog. Möglichkeitsformel (dazu Pieroth/Schlink, Grundrechte Staatsrecht II, 14. Aufl. 1998, Rn. 1129 f.).

[6] Eine Grundrechtsverletzung ist von vornherein ausgeschlossen, wenn der Schutzbereich von Grundrechten offensichtlich nicht betroffen ist oder offensichtlich kein Eingriff vorliegt.

daß die genannten Grundrechte verletzt worden sind; eine Grundrechtsverletzung ist folglich möglich. P wäre daher beschwerdebefugt[7].

6. Rechtswegerschöpfung

Gemäß § 90 II, 1 BVerfGG müßte der Rechtsweg erschöpft sein. P hat die ordentlichen Gerichte erfolglos angerufen. Der Rechtsweg ist deshalb erschöpft.

7. Frist

Gemäß § 93 I, 1 BVerfGG müßte P die Verfassungsbeschwerde innerhalb eines Monats erheben.

8. Ergebnis

Eine Verfassungsbeschwerde des P wäre zulässig.

II. Begründetheit

Eine Verfassungsbeschwerde des P wäre begründet, wenn der Bußgeldbescheid Grundrechte des P verletzt hätte[8].

1. Verletzung von Art. 5 I, 1 1. HS GG

Der Bußgeldbescheid könnte die Meinungsäußerungsfreiheit verletzen. Dann müßte er rechtswidrig in den Schutzbereich von Art. 5 I, 1 1. HS GG eingreifen.

a) Schutzbereich

Das Verhalten des P, das Halten der Rede über Megaphon, müßte vom Schutzbereich des Art. 5 I, 1 1. HS GG erfaßt sein. Dazu müßte P eine Meinung in Wort, Schrift oder Bild geäußert oder verbreitet haben. Meinungen i.S. d. Grundrechts sind wertende Stellungnahmen. P hält eine Rede zu der nach Ansicht der Vereinigung verfehlten Stadtplanung der Stadt B. Er nimmt damit wertend zur Stadtplanung Stellung. Der Inhalt der Rede stellt daher eine Meinung dar. Äußern bzw. Verbreiten von Meinungen bedeutet ihre Kundgabe. Indem P die Rede vor den erschienenen Personen hält, gibt er seine Meinung in Worten kund. P hat daher die Meinung auch geäußert bzw. verbreitet. Über die bloße Kundgabe von Meinungen hinaus schützt Art. 5 I, 1 1. HS GG auch die

---

[7]   Die eigene, gegenwärtige und unmittelbare Beschwerde gewinnt i.d.R. nur bei Verfassungsbeschwerden gegen Gesetze Bedeutung und bedarf deshalb hier keiner Erörterung.

[8]   Eine Grundrechtsverletzung ist der rechtswidrige Eingriff in den Schutzbereich. Daraus ergibt sich die Prüfungsreihenfolge einer Grundrechtsverletzung: Das betreffende Verhalten muß in den Schutzbereich eines Grundrechts fallen, die hoheitliche Maßnahme muß einen Eingriff in den Schutzbereich darstellen und der Eingriff darf nicht gerechtfertigt sein.

Entscheidung des Grundrechtsträgers darüber, mit welchen Mitteln die Meinung kundgetan wird. Das Halten der Rede gerade über Megaphon wird daher vom Schutzbereich der Meinungsäußerungsfreiheit erfaßt.

b) Eingriff

Der Bußgeldbescheid müßte einen Eingriff darstellen. Ein Eingriff liegt dann vor, wenn der Schutzbereich eines Grundrechts nachteilig betroffen wird. Das ist u. a. dann der Fall, wenn ein grundrechtlich geschütztes Verhalten zum Anknüpfungspunkt staatlicher Sanktionen genommen wird. Der Bußgeldbescheid hat das vom Schutzbereich des Art. 5 I, 1 1. HS GG erfaßte Halten der Rede über Megaphon zum Anlaß. Anknüpfungspunkt für den Bußgeldbescheid ist damit ein grundrechtlich geschütztes Verhalten. In dem Bußgeldbescheid ist folglich ein Eingriff in den Schutzbereich der Meinungsäußerungsfreiheit zu sehen.

c) Verfassungsrechtliche Rechtfertigung

Der im Bußgeldbescheid liegende Eingriff könnte verfassungsrechtlich gerechtfertigt sein. Das wäre dann der Fall, wenn er von einer verfassungsgemäßen Schranke gedeckt und selbst rechtmäßig wäre. Art. 5 II GG sieht als Schranke allgemeine Gesetze vor.

aa) Schranken-Schranken-Prüfung

Die die Meinungsäußerungsfreiheit einschränkende Vorschrift des § 10 I LImSchG NW müßte rechtmäßig sein. Dazu müßte die Vorschrift den besonderen Anforderungen des Art. 5 II GG genügen und formell sowie materiell rechtmäßig sein.

(1) Allgemeines Gesetz

§ 10 I LImSchG NW müßte ein allgemeines Gesetz sein. Allgemein i. S. d. Art. 5 II GG ist ein Gesetz dann, wenn es nicht eine bestimmte Meinung verhindert oder sich speziell gegen die Meinungsäußerung als solche richtet, sondern dem Schutz eines Gemeinschaftswertes dient, der gegenüber der Meinungsfreiheit den Vorrang hat. § 10 I LImSchG NW dient dem Zweck, Belästigungen von Personen durch Geräte, die der Schallerzeugung oder Schallwiedergabe dienen, zu verhindern. Diese Vorschrift soll folglich nicht eine bestimmte Meinung verhindern und richtet sich auch nicht gegen die Äußerung einer Meinung als solche. Eine starke Belastung mit Geräuschen kann bei Menschen zu Krankheiten führen. Durch die Verhinderung übermäßiger Geräuscherzeugungen sollen den Menschen zuträgliche Lebensbedingungen erhalten werden, so daß ihr Wohlbefinden gewahrt bleibt. Eine Äußerung bzw. Verbreitung von Meinung durch Worte wird demgegenüber durch die Beschränkung des § 10 I LImSchG NW nur in geringem Maße beeinträchtigt. Die Vorschrift dient daher dem Schutz eines Gemeinschaftswertes, der gegenüber der Meinungsfreiheit vorrangig ist. § 10 I LlmSchG NW ist deshalb ein allgemeines Gesetz i. S. d. Art. 5 II GG.

(2) Formelle Verfassungsmäßigkeit der Vorschrift

§ 10 I LImSchG NW wäre formell verfassungswidrig, wenn das Land nicht die Gesetzgebungskompetenz zum Erlaß dieser Vorschrift gehabt hätte. Gemäß Art. 72 I GG steht den Ländern die Gesetzgebungskompetenz nur zu, soweit und solange der Bund in dem speziellen Regelungsbereich von einem ihm zustehenden Gesetzgebungsrecht keinen Gebrauch gemacht hat. Gemäß Art. 74 Nr. 24 i. V. m. Art. 72 GG hat der Bund die Gesetzgebungskompetenz im Bereich der Abfallbeseitigung, der Luftreinhaltung und der Lärmbekämpfung. In Wahrnehmung dieser Kompetenz erging das BImSchG. Das BImSchG enthält jedoch, wie sich aus § 2 I ergibt, lediglich Regelungen für Anlagen, nicht aber für das Verhalten von Personen. Für diesen Bereich hat daher der Bund von seinem Gesetzgebungsrecht keinen Gebrauch gemacht. Infolgedessen stand dem Land insoweit die Gesetzgebungskompetenz hinsichtlich § 10 I LlmSchG NW zu. Die Vorschrift ist daher formell verfassungsmäßig[9].

(3) Materielle Verfassungsmäßigkeit der Vorschrift

Die Vorschrift des § 10 I LlmSchG NW könnte unangemessen sein. Dies wäre dann der Fall, wenn die in ihr enthaltene Beschränkung der Nutzung von Schallerzeugungs- oder Schallwiedergabegeräten außer Verhältnis zu dem Zweck der Erhaltung von dem Menschen zuträglichen Lebensbedingungen stünde. Insoweit, als das Erfordernis allgemeiner Gesetze i. S. d. Art. 5 II GG eine besondere Ausprägung des Verhältnismäßigkeitsgrundsatzes ist, kann auf die obigen Ausführungen verwiesen werden. Als Gesichtspunkt kommt hinzu, daß durch die Befreiungsvorschrift des § 10 III LlmSchG NW die Bedeutung der Meinungsäußerungsfreiheit hinreichend berücksichtigt werden kann. Die Beschränkung der Benutzung der o. g. Geräte steht nach allem nicht außer Verhältnis zu dem Ziel der Erhaltung zuträglicher Lebensbedingungen. § 10 I LImSchG NW ist folglich nicht unangemessen.

bb) Verfassungsmäßigkeit der Bußgeldfestsetzung[10]

Die Bußgeldfestsetzung wäre dann verfassungsmäßig, wenn sie nicht willkürlich erfolgte und der Verhältnismäßigkeitsgrundsatz beachtet worden ist.

---

[9] Zum Gesetzgebungsverfahren teilt der Sachverhalt nichts mit. Das Zitiergebot gilt nicht für die allgemeinen Gesetze i. S. d. Art. 5 II GG. Eine Stellungnahme zu diesen Prüfungspunkten ist daher entbehrlich.
[10] Bei einer Verfassungsbeschwerde gegen einen Einzelakt (= Anwendung der Vorschrift auf den Einzelfall) ist nicht nur die dem Einzelakt zugrunde liegende Vorschrift auf ihre Rechtmäßigkeit hin zu überprüfen, sondern auch der Einzelakt selbst.

(1) Willkürverbot

Dafür, daß die Vorschrift offensichtlich unsachgemäß angewendet worden wäre, bestehen keine Anhaltspunkte.

(2) Verhältnismäßigkeitsgrundsatz

Hinsichtlich der Frage nach der Angemessenheit der Bußgeldfestsetzung ist zu berücksichtigen, daß die Anwohner des Stadtplatzes durch den Megaphoneinsatz konkret belästigt worden sind, und daß die Zuhilfenahme des Megaphons bei der geringen Zahl der Teilnehmer der Demonstration überflüssig war. Hinzu kommt, daß P offenbar keinen Antrag nach § 10 III LImSchG NW gestellt hat. Einen Verstoß gegen den Verhältnismäßigkeitsgrundsatz stellt die Bußgeldfestsetzung aus diesen Gründen nicht dar.

cc) Ergebnis

Der Eingriff in den Schutzbereich des Art. 5 I, 1 1. HS GG ist verfassungsrechtlich gerechtfertigt.

d) Ergebnis

Es liegt kein rechtswidriger Eingriff vor. Somit verletzt der Bußgeldbescheid Art. 5 I, 1 1. HS GG nicht.

2. Verletzung von Art. 8 I GG[11]

Der Bußgeldbescheid könnte rechtswidrig in den Schutzbereich von Art. 8 I GG eingreifen.

a) Schutzbereich

Voraussetzung dafür ist zunächst, daß das Halten der Rede unter Einsatz des Megaphons in den Schutzbereich des Grundrechts fällt. Bei dem Geschehen auf dem Stadtplatz handelt es sich um eine Zusammenkunft mehrerer Personen zu einem gemeinsamen Zweck, also um eine Versammlung. Diese erfolgte mangels entgegenstehender Anhaltspunkte friedlich und ohne Waffen und wurde von Deutschen vorgenommen.

Fraglich ist aber, ob der Megaphoneinsatz vom Schutzbereich erfaßt wird. Art. 8 I GG schützt nicht nur das bloße Sich-Versammeln, sondern auch die Vorbereitung und die Durchführung einer Versammlung. Zur Durchführung einer Versammlung müssen auch die Mittel und Tätigkeiten gehören, die den gemeinsamen Zweck der Zusammenkunft, die kollektive Meinungsäußerung

[11] Man könnte Art. 8 I GG auch für spezieller als Art. 5 I, 1 1. HS GG halten. Dann sollte man mit der Prüfung der Verletzung von Art. 8 I GG beginnen. Wird jedoch das Verhalten des P nicht vom Schutzbereich des Art. 8 I GG erfaßt, dann muß der Verletzung von Art. 5 I, 1 1. HS GG nachgegangen werden.

bzw. -bildung, ermöglichen. Danach würde der Megaphoneinsatz dann vom Schutzbereich des Grundrechts erfaßt, wenn die Teilnehmerzahl der Versammlung so groß ist, daß die Teilnehmer nur auf diesem Wege angesprochen werden können[12]. Dies ist aber bei einer Teilnehmerzahl von nur 10 Personen nicht der Fall. Das Verhalten des P wird deshalb nicht vorn Schutzbereich des Art. 8 I GG erfaßt.

b) Ergebnis

Der Bußgeldbescheid verletzt nicht Art. 8 I GG.

3. Verletzung von Art. 2 I GG

Art. 5 I, 1 1. HS GG erfaßt das Verhalten, das durch den Bußgeldbescheid sanktioniert wurde. Das Auffanggrundrecht des Art. 2 I GG kommt insoweit aus Gründen der Subsidiarität nicht eigenständig zum Ansatz.

4. Ergebnis

Der Bußgeldbescheid verletzt keine Grundrechte; eine Verfassungsbeschwerde des P wäre damit unbegründet.

III. Ergebnis

Eine Verfassungsbeschwerde des P hat keine Aussicht auf Erfolg.

---

[12] Mit dieser Argumentation: OVG Koblenz, NJW 1969, 1500, 1501.

D. Das Archivgesetz[1]

Sachverhalt

Das Archivgesetz des Landes L schreibt den staatlichen Archiven die Aufgabe vor, Unterlagen von Behörden, Gerichten und sonstigen Stellen des Landes als Archivgut zu betreuen und zu verwahren.

Aufgrund § 7 I des Gesetzes kann Archivgut einsehen und kopieren, wer ein berechtigtes Interesse an der Nutzung geltend macht. Dazu definiert § 7 II des Gesetzes: „Ein berechtigtes Interesse ist insbesondere gegeben, wenn die Nutzung zu amtlichen, wissenschaftlichen oder publizistischen Zwecken begehrt wird."

Unterstellen Sie, daß dazu folgendes Ausführungsgesetz ergangen ist:

„Art. 1

Der 2. HS des § 7 II ArchivG erhält die Fassung:

„wenn die Nutzung zu amtlichen oder wissenschaftlichen Zwecken begehrt wird."

Art. 2

Dieses Gesetz tritt am 1. April 1997 in Kraft."

Dr. R ist seit seinem Studium der Rechtswissenschaft an der Ruhr-Universität Bochum freier Mitarbeiter verschiedener Presse- und Rundfunkorgane. Er kommentiert dort ständig historisch oder derzeit interessante Rechtsfälle, insbesondere solche mit partei- oder staatspolitischem Hintergrund. Er sieht sich durch das Änderungsgesetz von einem wesentlichen Teil seiner Quellen abgeschnitten. Das Änderungsgesetz hindere ihn, wie er meint, an den wissenschaftlich soliden Recherchen, die bisher sein Ansehen bei den Abnehmern seiner Berichte und Kommentare geprägt haben.

Dr. R erwägt deshalb, eine Verfassungsbeschwerde gegen das Änderungsgesetz bei dem Bundesverfassungsgericht zu erheben.

Hätte die Verfassungsbeschwerde Erfolg?

Bearbeitervermerk: Im Fall der Unzulässigkeit ist ein Hilfsgutachten zu erstellen.

---

[1] Dieser Fall wurde im WS 1997/98 im Rahmen der Anfängerübung als Klausur gestellt.

Fallösung

Eine Verfassungsbeschwerde des Dr. R hätte Aussicht auf Erfolg, wenn sie zulässig und begründet wäre.

I. Zulässigkeit einer Verfassungsbeschwerde

Eine Verfassungsbeschwerde wäre zulässig, wenn die Sachentscheidungsvoraussetzungen erfüllt wären.

1. Ordnungsgemäßer Antrag

Dr. R müßte den Antrag gemäß § 23 I, 1 BVerfGG schriftlich einreichen und gemäß § 23 I, 2, 92 BVerfGG mit einer Begründung versehen.

2. Beteiligtenfähigkeit

Gemäß § 90 I BVerfGG kann jedermann Verfassungsbeschwerde erheben. Man versteht darunter jede Person, die Träger der als verletzt gerügten Grundrechte oder grundrechtsgleichen Rechte ist. Dr. R ist als natürliche Person Träger sämtlicher Grundrechte und grundrechtsgleichen Rechte und damit jedermann i. S. d. § 90 I BVerfGG. Dr. R ist damit beteiligtenfähig.

3. Beschwerdegegenstand

Die Verfassungsbeschwerde müßte sich gemäß § 90 I BVerfGG gegen einen Akt der öffentlichen Gewalt richten. Man versteht darunter Akte der Gesetzgebung, der vollziehenden Gewalt und der Rechtsprechung, Art. 1 III, 20 III GG; §§ 93 III, 94 III, 95 BVerfGG. Dr. R will sich gegen das Änderungsgesetz, also gegen einen Akt der Gesetzgebung, wenden. Ein tauglicher Beschwerdegegenstand liegt damit vor.

4. Beschwerdebefugnis

Dr. R müßte gemäß § 90 I BVerfGG behaupten können, durch das Änderungsgesetz in einem seiner Grundrechte oder grundrechtsgleichen Rechte verletzt zu sein. Das ist dann der Fall, wenn sich aus seinem Vortrag objektiv die Möglichkeit einer Grundrechtsverletzung ergäbe. Das Änderungsgesetz schließt diejenigen, die Archivgut lediglich zu publizistischen Zwecken einsehen wollen, von der Nutzung der staatlichen Archive aus. Es hat damit Auswirkungen auf ein Verhalten, das durch Art. 5 I, 1 und 2, Art. 12 I, 1 und Art. 2 I GG geschützt ist. Daß diese Auswirkungen rechtswidrig sind, erscheint hier auch nicht von vornherein ausgeschlossen.

Darüber hinaus müßte Dr. R durch das Änderungsgesetz selbst, gegenwärtig und unmittelbar betroffen sein. Selbst betroffen ist jemand dann, wenn er

Adressat des Gesetzes ist. Das Änderungsgesetz richtet sich an Personen, die ein staatliches Archiv nutzen wollen, mithin auch an Dr. R. Dieser ist von dem Änderungsgesetz daher selbst betroffen.

Das Änderungsgesetz ist auch schon in Kraft getreten. Es betrifft Dr. R deshalb auch gegenwärtig.

Die erforderliche Unmittelbarkeit der Beschwer wäre dann gegeben, wenn das Änderungsgesetz zu seiner Durchführung weder rechtsnotwendig noch nach der tatsächlichen Verwaltungspraxis eines Vollzugsaktes bedürfte. Gemäß § 7 II ArchivG sind die staatlichen Archive nicht ohne weiteres, sondern nur unter der Voraussetzung zugänglich, daß zuvor ein berechtigtes Interesse an der Nutzung geltend gemacht wird. Das bedeutet, daß die Erteilung einer entsprechenden Zutrittserlaubnis erforderlich ist. Das ist ein Vollzugsakt. Dr. R müßte sich aufgrund der Subsidiarität der Gesetzesverfassungsbeschwerde also unmittelbar gegen die Versagung der Zutrittserlaubnis wenden[2].

5. Ergebnis

Eine Verfassungsbeschwerde wäre unzulässig.

II. Hilfsgutachten zur Zulässigkeit

Unterstellt, Dr. R wäre beschwerdebefugt, müßten auch die übrigen Sachentscheidungsvoraussetzungen erfüllt sein.

1. Rechtswegerschöpfung

Gemäß § 90 II, 1 BVerfGG kann die Verfassungsbeschwerde erst nach Erschöpfung des Rechtswegs erhoben werden, sofern gegen den Akt der öffentlichen Gewalt der Rechtsweg eröffnet ist. Aus § 93 III BVerfGG ergibt sich aber, daß gegen Gesetze ein Rechtsweg nicht offensteht. Damit wäre hier den Anforderungen des § 90 II, 1 BVerfGG genügt.

2. Frist

Nach § 93 III BVerfGG ist die Verfassungsbeschwerde innerhalb eines Jahres seit dem Inkrafttreten zu erheben. Das Änderungsgesetz trat am 1. 4. 1997 in Kraft. Dr. R könnte eine Verfassungsbeschwerde daher noch fristgerecht erheben[3].

---

[2] An dieser Stelle ist mit entsprechender Begründung auch ein anderes Ergebnis vertretbar. Sie könnten auch argumentieren, daß Dr. R die staatlichen Archive von vornherein nur zu publizistischen Zwecken nutzen will und damit offensichtlich kein berechtigtes Interesse i. S. d. § 7 II ArchivG n. F. hat. Insofern wirkt das Änderungsgesetz bereits wie ein gesetzliches Verbot.
[3] Es wurde bei dieser Fallösung berücksichtigt, daß der Fall im WS 1997/98 zur Bearbeitung gestellt wurde. Würde der Fall heute gestellt, müßten Sie zur Verfristung der Verfassungsbeschwerde kommen und die Begründetheit dann in einem (weiteren) Hilfsgutachten prüfen.

3. Ergebnis

Es bestehen keine Zweifel daran, daß auch die übrigen Sachentscheidungsvoraussetzungen erfüllt sind[4]. Eine Verfassungsbeschwerde wäre daher zulässig.

III. Begründetheit

Die Verfassungsbeschwerde des Dr. R wäre begründet, wenn er durch § 7 II ArchivG n. F. in einem seiner Grundrechte verletzt wäre.

1. Verletzung von Art. 5 I, 1 2. HS GG

Der Ausschluß von der Nutzung der staatlichen Archive zu anderen als amtlichen oder wissenschaftlichen Zwecken durch § 7 II ArchivG n. F. könnte Dr. R in seiner Informationsfreiheit nach Art. 5 I, 1 2. HS GG verletzen.

a) Betroffenheit des Schutzbereichs

Eine Grundrechtsverletzung des Dr. R setzt die Betroffenheit des Schutzbereichs voraus. Der Schutzbereich der Informationsfreiheit wäre dann betroffen, wenn § 7 II ArchivG n. F. Auswirkungen auf ein Verhalten des Dr. R hätte, das durch Art. 5 I, 1 2. HS GG geschützt ist. Art. 5 I, 1 2. HS GG schützt das Recht, sich aus Quellen, die technisch geeignet und bestimmt sind, der Allgemeinheit, d. h. einem individuell nicht bestimmbaren Personenkreis, Informationen zu verschaffen, zu unterrichten. Die staatlichen Archive wurden bis zu dem Inkrafttreten des Änderungsgesetzes für jedermann, der ein berechtigtes Interesse an der Nutzung geltend machen konnte, zur Verfügung gestellt. Sie waren daher technisch geeignet und auch dazu bestimmt, der Allgemeinheit Informationen zu verschaffen. Durch Inkrafttreten des Änderungsgesetzes wurden lediglich die Zugangsvoraussetzungen geändert, nicht aber von vornherein der Kreis der Benutzer beschränkt. An der Eignung und Bestimmung der staatlichen Archive, der Allgemeinheit Informationen zu verschaffen, hat sich damit nichts geändert. Die Informationsfreiheit ist damit betroffen.

Sie müßte weiterhin gerade von Art. 5 I, 1 2. HS GG geschützt sein. Das wäre nicht der Fall, wenn hier die Presse- und Rundfunkfreiheit nach Art. 5 I, 2 GG gegenüber der Informationsfreiheit das speziellere Grundrecht wäre. Dazu müßte Art. 5 I, 2 GG alle Merkmale des Art. 5 I, 1 2. HS GG sowie zusätzliche, besondere Merkmale enthalten und sich auf dieselbe Freiheitsbeeinträchtigung beziehen. Das Grundrecht auf Pressefreiheit schützt auch das Beschaffen von Informationen. Nicht jede Beschaffung von Informationen ist indes eine Aus-

---

[4] Die zuvor geprüften Sachentscheidungsvoraussetzungen sind nicht vollständig. Es fehlt z. B. die Prüfung der deutschen Gerichtsbarkeit, der Zuständigkeit des Bundesverfassungsgerichts und die Prüfung des Rechtsschutzinteresses, weil der Fall nicht die geringsten Zweifel an dem Vorliegen dieser Voraussetzungen nahelegt. Eine gutachterliche Prüfung haben wir deshalb für verfehlt gehalten. Sie sollten sich gleichwohl vor einer Klausur vergewissern, welche Sachentscheidungsvoraussetzungen Ihr Übungsleiter für unentbehrlich hält.

übung der Presse- und Rundfunkfreiheit. Die Schutzbereiche der Informationsfreiheit und der Pressefreiheit können vielmehr je nach Grundrechtsbetätigung nebeneinander stehen. Die Benutzung der staatlichen Archive diente vor Inkrafttreten des Änderungsgesetzes nicht nur publizistischen und damit von der Pressefreiheit geschützten Zwecken, sondern auch amtlichen und wissenschaftlichen Zwecken, die zunächst nur eine Betätigung der Informationsfreiheit darstellten. Die Grundrechtsbetätigung des Dr. R beschränkte sich bis zu dem Inkrafttreten des Änderungsgesetzes allerdings auf die Nutzung der Archive im Zusammenhang mit seiner Tätigkeit als freier Mitarbeiter verschiedener Presse- und Rundfunkorgane. Deshalb ist die von Dr. R in Anspruch genommene Informationsfreiheit nicht durch Art. 5 I, 1 2. HS GG, sondern durch Art. 5 I, 2 GG geschützt.

b) Ergebnis

Der Schutzbereich des Art. 5 I, 1 2. HS GG ist daher nicht betroffen.

2. Verletzung von Art. 5 I, 2 GG

Dr. R könnte durch § 7 II ArchivG n. F. in seinem Grundrecht aus Art. 5 I, 2 GG verletzt sein.

a) Betroffenheit des Schutzbereichs

Die Vorschrift müßte dazu Auswirkungen auf ein Verhalten des Dr. R haben, das von der Pressefreiheit in Art. 5 I, 2 GG geschützt ist. Unter Presse versteht man alle zur Verbreitung geeigneten und bestimmten, nicht nur periodisch, sondern auch einmalig erscheinenden Druckerzeugnisse. Der Schutzumfang erstreckt sich dabei auch auf das Beschaffen von Informationen aus allgemein zugänglichen Quellen[5]. Dr. R nahm bisher die Archive zwecks Informationsbeschaffung für Veröffentlichungen in Presse und Rundfunk in Anspruch. Dieses Verhalten ist von Art. 5 I, 2 GG geschützt. § 7 II ArchivG n. F. regelt die Voraussetzungen, unter denen die Informationsbeschaffung aus den staatlichen Archiven zulässig ist. Die Vorschrift regelt damit ein Verhalten des Dr. R, das durch Art. 5 I, 2 GG geschützt ist. Der Schutzbereich der Pressefreiheit wird daher durch die Neuregelung des Archivgesetzes betroffen.

---

[5] Bitte berücksichtigen Sie, daß die allgemeine Zugänglichkeit einer Informationsquelle bei der Prüfung der Betroffenheit des Schutzbereichs nicht mit dem Argument verneint werden darf, die staatlichen Archive seien nach der Neufassung des Archivgesetzes gerade nicht mehr öffentlich zugänglich. Das wäre ein Zirkelschluß. Allgemeine Zugänglichkeit kann nur bedeuten, daß die Informationsquelle nach ihrer Beschaffenheit einem unbegrenzten Personenkreis zur Verfügung stehen kann. Eine parallele Subsumtionsfalle finden Sie übrigens bei Art. 12 I GG. Beruf wird nämlich als jede *erlaubte* Tätigkeit definiert. Einfachgesetzliche Berufsverbote, die in Ihrem Fall Gegenstand einer Normenkontrolle oder einer Gesetzesverfassungsbeschwerde sind, lassen aber ein vorher geschütztes Verhalten nicht aus dem Schutzbereich des Grundrechts fallen. Erlaubt ist vielmehr i. S. e. Sozialverträglichkeit zu verstehen und soll von vornherein kriminelle Tätigkeiten etc. von dem Grundrechtsschutz ausnehmen.

b) Eingriff

Der Ausschluß von der Nutzung der staatlichen Archive zu anderen als amtlichen oder wissenschaftlichen Zwecken müßte in die Pressefreiheit eingreifen. Ein Eingriff liegt vor, wenn der grundrechtlich geschützte Freiheitsbereich nachteilig betroffen ist. Nach § 7 II ArchivG n. F. werden diejenigen Personen von der Nutzung der staatlichen Archive ausgeschlossen, die sich Informationen zu anderen als amtlichen oder wissenschaftlichen Zwecken verschaffen wollen. Die Regelung in § 7 II ArchivG greift damit in die Pressefreiheit ein.

c) Verfassungsrechtliche Rechtfertigung

Der Eingriff in die Pressefreiheit würde aber dann nicht zu einer Grundrechtsverletzung führen, wenn er verfassungsrechtlich gerechtfertigt wäre. Das wäre dann der Fall, wenn § 7 II ArchivG n. F. den Anforderungen des qualifizierten Gesetzesvorbehalts in Art. 5 II GG genügen würde und auch im übrigen formell und materiell verfassungsmäßig wäre.

aa) Allgemeines Gesetz

§ 7 II ArchivG n. F. müßte ein allgemeines Gesetz i. S. d. Art. 5 II GG sein.

Allgemein ist ein Gesetz nur dann, wenn es weder eine bestimmte Meinung verhindert noch sich speziell gegen die Meinungsäußerung als solche richtet.

§ 7 II ArchivG n. F. schließt den Zugang zu den staatlichen Archiven für alle Personen, die mit der Nutzung andere als amtliche oder wissenschaftliche Zwecke verfolgen, aus. Ausgeschlossen ist damit jede publizistische Nutzung ohne Rücksicht auf den Inhalt einer beabsichtigten Publikation. Die Neufassung des Archivgesetzes richtet sich daher nicht gegen eine bestimmte Meinung oder gegen die Meinungsäußerung als solche.

Ein allgemeines Gesetz i. S. d. Art. 5 II GG muß darüber hinaus dem Schutz eines schlechthin, ohne Rücksicht auf eine bestimmte Meinung zu schützenden Rechtsgutes dienen, das gegenüber der Pressefreiheit den Vorrang hat.

In den staatlichen Archiven werden Unterlagen von Gerichten, Behörden und sonstigen Stellen gesammelt und verwahrt. Es handelt sich dabei um Dokumente, die zumindest z. T. dem Datenschutz unterliegen. Bei einer Öffnung der staatlichen Archive zu anderen als amtlichen oder wissenschaftlichen Zwecken könnten interne Vorgänge der Justiz, Verwaltung oder sonstiger Stellen ebenso an die Öffentlichkeit gelangen wie private Angelegenheiten, die Gegenstand von Gerichts- oder Verwaltungsverfahren sind. Die Änderung des Archivgesetzes dient daher dem Datenschutz sowie dem Schutz der Verwaltung und Justiz durch Gewährleistung eines sachgerechten Umgangs mit amtlichen Dokumenten. Diese Rechtsgüter werden durch das Archivgesetz schlechthin und ohne Rücksicht auf eine bestimmte Meinung geschützt.

Der Datenschutz und der Schutz der Verwaltung und Justiz müßten gegenüber der Pressefreiheit den Vorrang haben. Zugunsten der Pressefreiheit spricht deren hohe Bedeutung für den Willensbildungsprozeß, der in einer demokratischen Staatsordnung unerläßlich ist. Auf der anderen Seite besteht aber durch den ungehinderten Zugang zu den in den staatlichen Archiven verwahrten amtlichen Unterlagen die naheliegende Gefahr, daß Gegenstände ohne allgemeines Interesse und Auseinandersetzungen im privaten Bereich durch Publikationen in diversen Medien an die Öffentlichkeit gelangen. Demgegenüber wird die Pressefreiheit durch die Beschränkung des Zugangs zu den staatlichen Archiven nur zu einem kleinen Teil beeinträchtigt. Journalisten werden nicht generell von der Nutzung ausgeschlossen. Sie haben weiterhin die uneingeschränkte Möglichkeit der Nutzung der Archive zu wissenschaftlichen Recherchen. Der Datenschutz und der Schutz der Verwaltung und Justiz sind daher hier gegenüber der Pressefreiheit höherrangig.

§ 7 II ArchivG n. F. ist damit ein allgemeines Gesetz i. S. d. Art. 5 II GG.

bb) Formelle Verfassungsmäßigkeit

Dafür, daß die Änderung des Archivgesetzes formell verfassungswidrig sein könnte, bestehen keine Anhaltspunkte.

cc) Materielle Verfassungsmäßigkeit

§ 7 II ArchivG n. F. müßte weiterhin materiell verfassungsmäßig sein.

(1) Verhältnismäßigkeit

Materiell verfassungsmäßig kann eine Grundrechtsschranke nur dann sein, wenn sie verhältnismäßig ist. Das setzt voraus, daß § 7 II ArchivG n. F. einen legitimen Zweck verfolgt und zur Erreichung dieses Zwecks geeignet, erforderlich und angemessen ist.

§ 7 II ArchivG n. F. verfolgt, wie gezeigt, einen legitimen Zweck[6].

Geeignet ist § 7 II ArchivG n. F. dann, wenn es die Zweckerreichung zumindest fördert. Eine Beschränkung auf die Nutzung zu amtlichen und wissenschaftlichen Zwecken schließt die Gefahr einer unsachgemäßen und populistischen Verbreitung archivierter Unterlagen aus. Insoweit wird der mit der Gesetzesänderung verfolgte Zweck des Datenschutzes und des Schutzes von Verwaltung und Justiz gefördert. § 7 II ArchivG n. F. ist daher geeignet.

Erforderlich ist § 7 II ArchivG n. F. dann, wenn nicht ein anderes, die Pressefreiheit weniger beschränkendes Mittel zur Verfügung steht, das zur Zweckerreichung in gleicher Weise geeignet ist. Ein milderes Mittel könnte hier allein in einer Erweiterung der Nutzungsberechtigung gesehen werden. Ein solches

---

[6] Sie können an dieser Stelle auf die Prüfung der Voraussetzungen eines allgemeinen Gesetzes i. S. d. Art. 5 II GG verweisen, wo Sie (hoffentlich) geprüft haben, ob die Gesetzesänderung einem gegenüber der Pressefreiheit höherrangigen Gemeinschaftswert dient. Ein Gemeinschaftswert in diesem Sinne kann nur ein *legitimer* Zweck sein.

Mittel wäre aber zur Zweckerreichung gerade nicht in gleicher Weise geeignet. Die Neuregelung ist daher auch erforderlich.

§ 7 II ArchivG n. F. dürfte schließlich nicht außer Verhältnis zu dem angestrebten Erfolg stehen. Das ist, wie gezeigt, nicht der Fall[7]. § 7 II ArchivG n. F. ist daher auch angemessen.

Die Gesetzesänderung ist verhältnismäßig.

(2) Bestimmtheit

§ 7 II ArchivG n. F. dürfte nicht gegen den rechtsstaatlichen Bestimmtheitsgrundsatz verstoßen. Danach sind Rechtsvorschriften so präzise zu fassen, wie es der zu ordnende Lebenssachverhalt mit Rücksicht auf den Normzweck zuläßt.

Mit der Gesetzesänderung wird die Nutzung der staatlichen Archive zu publizistischen Zwecken ausgeschlossen, zu wissenschaftlichen Zwecken dagegen nach wie vor zugelassen. Die Abgrenzung der Verfolgung wissenschaftlicher gegenüber der mit der Neuregelung ausgeschlossenen Verfolgung publizistischer Zwecke ist in Grenzfällen u. U. schwierig. Andererseits handelt es sich bei dem Wort „wissenschaftlich" um einen Rechtsbegriff, der auch in zahlreichen anderen Vorschriften verwendet wird und dadurch bereits einen definierten Regelungsgehalt hat. Schließlich ist nicht ersichtlich, wie der verwendete Rechtsbegriff „wissenschaftlich" hätte präzisiert werden können.

§ 7 II ArchivG verstößt daher nicht gegen den Bestimmtheitsgrundsatz[8].

d) Ergebnis

Dr. R wird durch § 7 II ArchivG n. F. nicht in seinem Grundrecht aus Art. 5 I, 2 GG verletzt.

3. Verletzung von Art. 12 I GG

Dr. R könnte durch § 7 II ArchivG n. F. in seinem Grundrecht aus Art. 12 I GG verletzt sein. Voraussetzung dafür ist ein rechtswidriger Eingriff in den Schutzbereich.

a) Betroffenheit des Schutzbereichs

Der Schutzbereich des Art. 12 I GG wäre dann betroffen, wenn § 7 II ArchivG n. F. Auswirkungen auf ein Verhalten des Beschwerdeführers hätte, das die Voraussetzungen eines Berufs i. S. d. Vorschrift erfüllt.

---

[7]   Auch hier können Sie auf die Prüfung der Voraussetzungen eines allgemeinen Gesetzes i. S. d. Art. 5 II GG verweisen, wo Sie geprüft haben, ob § 7 II ArchivG einem gegenüber der Pressefreiheit *höherrangigen* Gemeinschaftswert dient.
[8]   Sie hätten mit vertretbarer Begründung auch zu dem gegenteiligen Ergebnis gelangen können.

Bei der freien Mitarbeit bei verschiedenen Presse- und Rundfunkorganen handelt es sich um eine erlaubte und auf Dauer angelegte Tätigkeit, die der Schaffung und Erhaltung der Lebensgrundlage dient, mithin um einen Beruf i. S. d. Art. 12 I GG.

Dieses Verhalten wird aber nur durch Art. 12 I GG geschützt, wenn dieses Grundrecht nicht aus Gründen der Spezialität hinter Art. 5 I, 2 GG zurücktreten würde. Eine Spezialität läge dann vor, wenn der Schutzbereich der Pressefreiheit alle Merkmale der Berufsfreiheit, darüber hinaus aber noch besondere Merkmale enthalten würde und sich beide Grundrechte auf dieselbe Freiheitsbeeinträchtigung beziehen würden. Art. 5 I, 2 GG ist hier aufgrund der beruflichen Tätigkeit des Beschwerdeführers als einer bei der Herstellung von Presseerzeugnissen beteiligten Person betroffen. Somit ist Art. 5 I, 2 GG hier die speziellere Vorschrift.

Der Schutzbereich des Art. 12 I GG ist nicht betroffen.

b) Ergebnis

Dr. R wird durch § 7 II ArchivG n. F. nicht in seinem Grundrecht aus Art. 12 I GG verletzt.

4. Verletzung von Art. 2 I GG

Das von § 7 II ArchivG n. F. betroffene Verhalten des Beschwerdeführers wird bereits vollständig von Art. 5 I, 2 GG erfaßt. Art. 2 I GG tritt dahinter als subsidiär zurück.

IV. Ergebnis

Eine Verfassungsbeschwerde des Dr. R wäre unzulässig und unbegründet. Sie hätte daher keine Aussicht auf Erfolg.

E. Dicke Luft[1]

Sachverhalt

Rechtsanwalt R führt seine Kanzlei in der Stadtmitte der nordrhein-westfälischen Stadt B, die als Sperrbezirk i. S. d. §§ 5, 6 SmogVO NW ausgewiesen ist. Als aufgrund austauscharmer Wetterlage die Schadstoffkonzentration in diesem Bereich so ansteigt, daß die Alarmstufe 2 ausgerufen werden muß und die Benutzung von Kraftfahrzeugen in den Sperrbezirken verboten wird, sieht R sich nicht in der Lage, auf die berufliche Nutzung seines PKW, insbesondere für Fahrten zu den in Nachbarstädten gelegenen Landgerichten und Verwaltungsgerichten, zu verzichten. Er beantragt daher bei der zuständigen Ordnungsbehörde die Erteilung einer Ausnahmegenehmigung von dem Verbot des § 6 SmogVO NW. Der Antrag wird abgelehnt. Die Anrufung der Verwaltungsgerichte bleibt in allen Instanzen erfolglos. R ist empört und ruft das Bundesverfassungsgericht an. Er meint, durch dubiose Verordnungen könne er in seiner Freiheit nicht eingeschränkt werden. Auch sei Art. 19 I, 2 GG nicht beachtet worden. Überhaupt handele es sich um einen geradezu klassischen Fall staatlicher Willkür, wie schon die Auflistung der durch § 9 I SmogVO NW privilegierten Gruppen unschwer aufzeige. Zudem würden in Parallelbestimmungen anderer Bundesländer – was zutrifft – auch Rechtsanwälte privilegiert. Hat die Anrufung des Bundesverfassungsgerichts Aussicht auf Erfolg?

Auszug aus dem Bundesimmissionsschutzgesetz:

„§ 40 Die Landesregierungen werden ermächtigt, durch Rechtsverordnung Gebiete festzulegen, in denen während austauscharmer Wetterlagen der Kraftfahrzeugverkehr beschränkt oder verboten werden muß, um ein Anwachsen schädlicher Umwelteinwirkungen durch Luftverunreinigungen zu vermeiden oder zu vermindern; in der Rechtsverordnung kann auch der zeitliche Umfang der erforderlichen Verkehrsbeschränkungen bestimmt werden. Die Straßenverkehrsbehörden haben in diesen Gebieten den Verkehr der in der Rechtsverordnung genannten Kraftfahrzeuge ganz oder teilweise nach Maßgabe der verkehrsrechtlichen Vorschriften zu verbieten, sobald eine austauscharme Wetterlage im Sinne des Satzes 1 von der zuständigen Behörde bekanntgegeben worden ist."

Auszug aus der SmogVO NW:

„§ 5 Während der Alarmstufe 1 ist die Benutzung von Kraftfahrzeugen in den in der Anlage 3 aufgeführten Sperrbezirken in der Zeit von 6 bis 10 Uhr und von 15 bis 20 Uhr untersagt; ..."

---

[1] Dieser Fall wurde in der Anfängerübung im öffentlichen Recht im SS 1988 als Klausur gestellt. Vgl. dazu auch BVerwG, BayVBl. 1987, 29.

„§ 6 In den in der Anlage 3 aufgeführten Sperrbezirken ist die Benutzung von Kraftfahrzeugen verboten, solange für das jeweilige Gebiet die Alarmstufe 2 besteht; …"

„§ 9 (1) Die Verbote der §§ 5 und 6 gelten nicht für … (Nachfolgend werden in den Nummern 1–9 insbesondere Krankenkraftwagen, Arztwagen, Personenkraftwagen des Taxen- und Mietwagenverkehrs, Dienstkraftfahrzeuge der Bundeswehr und Kraftfahrzeuge des öffentlichen Nahverkehrs genannt. Kraftfahrzeuge von Rechtsanwälten sind nicht aufgeführt.). (2) Ausnahmen von den Verboten der §§ 5 und 6 können auf Antrag zugelassen werden, soweit die Benutzung der Kraftfahrzeuge im öffentlichen Interesse oder im überwiegenden privaten Interesse zur Aufrechterhaltung des Produktionsablaufs oder zur Versorgung der Bevölkerung mit lebensnotwendigen Gütern und Dienstleistungen dringend geboten ist. …"

Fallösung

Die Anrufung des Bundesverfassungsgerichts hat Aussicht auf Erfolg, wenn der von R gewählte Rechtsbehelf zulässig und begründet ist. Als statthafter Rechtsbehelf kommt im vorliegenden Fall eine Verfassungsbeschwerde gemäß Art. 93 1 Nr. 4 a GG; §§ 13 Nr. 8 a, 90 ff. BVerfGG in Betracht.

I. Zulässigkeit

1. Parteifähigkeit

Gemäß § 90 I BVerfGG kann jedermann Verfassungsbeschwerde erheben. R müßte also „jedermann" i. S. d. Bestimmung sein. Jedermann i. S. v. § 90 I BVerfGG ist, wer Träger eines der in § 90 I BVerfGG genannten Rechte sein kann. Als deutschem Staatsbürger stehen dem R sämtliche der in dieser Vorschrift aufgeführten Grundrechte zu. Somit ist R im Verfassungsbeschwerdeverfahren parteifähig.

2. Prozeßfähigkeit[2]

R müßte weiterhin prozeßfähig sein. Unter Prozeßfähigkeit versteht man die Fähigkeit, Prozeßhandlungen selbst oder durch Vertreter wirksam vornehmen zu können. Es bestehen keine Zweifel daran, daß R die Reife und Einsichtsfähigkeit aufweist, die von einem Antragsteller im Verfassungsbeschwerdeverfahren erwartet wird. Folglich ist R prozeßfähig.

---

[2] Die amtlichen Lösungsskizzen sehen diesen Gliederungspunkt i. d. R. gar nicht vor. Er sollte dennoch kurz angesprochen werden und kann auch gut mit Punkt 1. verknüpft werden.

3. Beschwerdegegenstand

Es müßte sich zudem bei der von R gerügten Maßnahme um einen Akt der öffentlichen Gewalt handeln. Als Akte der öffentlichen Gewalt kommen Maßnahmen der Gesetzgebung, der Rechtsprechung sowie der vollziehenden Gewalt in Frage (vgl. Art. 1 III, 20 II, 2 GG; §§ 93 III, 94 III BVerfGG). R rügt zum einen die Ablehnung seines Antrags bei der zuständigen Ordnungsbehörde. Zum anderen wendet er sich gegen die diesen Bescheid bestätigenden Gerichtsurteile[3]. Angesichts dieser Vielzahl von Maßnahmen der öffentlichen Gewalt könnte fraglich sein, welcher Akt vorliegend den Beschwerdegegenstand darstellt. jedoch ist bei mehreren Akten der öffentlichen Gewalt in der gleichen Streitsache dem Beschwerdeführer grundsätzlich die Wahl zuzugestehen, ob er nur die letztinstanzliche Gerichtsentscheidung oder zusätzlich die Entscheidungen der Vorinstanzen bzw. den zugrundeliegenden Akt der vollziehenden Gewalt zum Gegenstand seiner Beschwerde macht. R kann somit sämtliche der von ihm beanstandeten Maßnahmen zum Gegenstand seiner Verfassungsbeschwerde machen.

4. Beschwerdebefugnis

Gemäß § 90 I BVerfGG ist die Verfassungsbeschwerde weiterhin nur zulässig, wenn der Beschwerdeführer behauptet, in einem seiner Grundrechte verletzt zu sein. Diesem Erfordernis würde R genügen, wenn er die Möglichkeit einer Grundrechtsverletzung darlegen könnte (sog. Möglichkeitsformel). Nach seinem eigenen Sachvortrag dürfte es also nicht schlechthin ausgeschlossen sein, daß er in seinen Grundrechten verletzt ist. Hier ist es nicht gänzlich unwahrscheinlich, daß der R durch die fraglichen Maßnahmen in seinen Grundrechten aus Art. 12 I, 14 I, 2 I und 3 I GG verletzt ist. Somit besteht die Möglichkeit einer Grundrechtsverletzung. R ist daher beschwerdebefugt[4].

5. Rechtswegerschöpfung

§ 90 II, 1 BVerfGG verlangt für die Zulässigkeit der Verfassungsbeschwerde, daß der Beschwerdeführer sein Begehren zunächst auf dem dafür vorgesehenen Rechtsweg erschöpfend verfolgt hat. Dem Sachverhalt zufolge hat R seine Rechtsansicht in allen Instanzen durchzusetzen versucht. Der Rechtsweg ist daher erschöpft.

---

[3] Man könnte auch daran denken, die Verordnung selbst zum Gegenstand der Beschwerde zu machen. Jedoch ist zu berücksichtigen, daß die Verordnung bereits durch eine Entscheidung der Verwaltung konkretisiert wurde. Außerdem könnte es auch an einer unmittelbaren Beschwer durch die Verordnung – die im Rahmen der Beschwerdebefugnis zu prüfen wäre – fehlen.

[4] Die Erörterung der weiteren Aspekte der Beschwerdebefugnis, nämlich der eigenen, gegenwärtigen und unmittelbaren Beschwer, war hier unproblematisch und konnte daher unerörtert bleiben. R ist Adressat der staatlichen Maßnahmen. Diese treffen ihn aktuell und ohne daß weitere Vollzugsakte notwendig wären.

6. Form und Frist

Mangels entgegenstehender Anhaltspunkte ist davon auszugehen, daß R die Verfassungsbeschwerde in der gehörigen Form (§§ 23 I, 92 BVerfGG) und unter Wahrung der Frist nach § 93 I, 1 BVerfGG erhoben hat.

7. Ergebnis

Die Verfassungsbeschwerde des R ist somit zulässig.

II. Begründetheit

Die Verfassungsbeschwerde ist begründet, wenn R in seinen Grundrechten oder grundrechtsgleichen Rechten verletzt ist[5].

1. Verletzung des Art. 12 I GG

R könnte in seinem Grundrecht aus Art. 12 I GG rechtswidrig beeinträchtigt sein. Dazu müßte zunächst der Schutzbereich des Art. 12 I GG betroffen sein.

a) Schutzbereich

Art. 12 I GG schützt die Berufsfreiheit. Beruf i. S. d. Artikels ist jede erlaubte Tätigkeit, die auf Dauer angelegt und der Schaffung und Erhaltung einer Lebensgrundlage zu dienen bestimmt ist. Die Tätigkeit eines Rechtsanwalts stellt eine erlaubte Tätigkeit dar, welche auf unbestimmte Zeit betrieben werden soll und zur Finanzierung der Existenzgrundlage des R dient. Somit ist der Schutzbereich des Art. 12 I GG einschlägig.

b) Eingriff

Es müßte sich weiter bei der von R beanstandeten Maßnahme um einen Eingriff handeln. Ein Eingriff liegt vor, wenn der Schutzbereich nachteilig betroffen ist.

Eine solche nachteilige Betroffenheit ist im Rahmen von Art. 12 I GG nicht schon dann gegeben, wenn die staatliche Regelung oder Maßnahme irgendwie geartete, entfernte Folgen für die berufliche Tätigkeit hat. Es müßte ihr vielmehr subjektiv oder objektiv eine berufsregelnde Tendenz innewohnen, d. h. sie muß entweder gerade auf die Berufsregelung zielen oder, bei berufsneutraler Zielsetzung, sich unmittelbar auf die berufliche Tätigkeit auswirken oder in ihren mittelbaren Auswirkungen von einigem Gewicht sein.

---

[5] An dieser Stelle tauchen häufig Fehler auf. Hier heißt es oftmals „rechtswidrig verletzt", „beeinträchtigt" o. ä. Richtigerweise muß es jedoch entweder „verletzt" oder „rechtswidrig beeinträchtigt" heißen. Denn einerseits liegt eine Verletzung nur bei einem rechtswidrigen, d. h. nicht gerechtfertigten Eingriff in den Schutzbereich vor, andererseits genügt eine Beeinträchtigung i. S. v. Eingriff für eine Verletzung noch nicht. Erforderlich ist darüber hinaus dessen Rechtswidrigkeit.

An dieser berufsregelnden Tendenz könnte man vorliegend zweifeln. Zweck der Maßnahme ist es ja gerade nicht, die Berufsausübung zu regeln, sondern vielmehr das Verkehrsaufkommen bzw. die damit verbundene Schadstoffbelastung. Es wird auf diese Weise nur die Fortbewegung des R zu seiner Arbeitsstelle hin eingeschränkt. Es mangelt dem staatlichen Akt daher an der subjektiv berufsregelnden Tendenz.

Fraglich ist, ob die Maßnahme sich unmittelbar auf die berufliche Tätigkeit auswirkt. R könnte weiter seinem Beruf nachgehen, indem er z. B. ein Taxi oder öffentliche Verkehrsmittel benutzt. Insoweit schränkt die verweigerte Ausnahmegenehmigung nicht unmittelbar seine berufliche Tätigkeit ein.

Jedoch könnte die Maßnahme in ihren mittelbaren Auswirkungen von einigem Gewicht sein. Ein Rechtsanwalt ist in besonderem Maße auf ein flexibles Fortbewegungsmittel angewiesen. Die in diesem Beruf notwendige stetige Teilnahme an Verhandlungen und sonstigen Terminen erfordert größtmögliche Flexibilität, welche allein durch einen PKW gewährleistet ist. Der Beschränkung der Nutzungsmöglichkeit kommt daher besonderes Gewicht zu. Somit ist der Schutzbereich des Art. 12 I GG nachteilig betroffen[6].

Fraglich ist, ob diese nachteilige Betroffenheit sich auf den Wahl- oder den Ausübungsaspekt der Berufsfreiheit bezieht[7]. Vorliegend könnte der Ausübungsaspekt der Berufsfreiheit betroffen sein. Während die Berufswahl das „Ob" der beruflichen Tätigkeit betrifft, erstreckt sich die Berufsausübungsfreiheit auf das „Wie" des Berufes. R hat seine Tätigkeit bereits seit langem aufgenommen, die Berufswahl also vorgenommen. Auch verbietet die Vorschrift nicht die weitere Ausübung des Berufes eines Rechtsanwalts. Die Regelung legt ihm allerdings gewisse von ihm nicht gewollte Modalitäten seines Berufes auf. Also handelt es sich um einen Eingriff in den Ausübungsaspekt der Berufsfreiheit.

c) Verfassungsrechtliche Rechtfertigung

Der Eingriff könnte jedoch verfassungsrechtlich gerechtfertigt sein. Gemäß Art. 12 I, 2 GG kann die Berufsausübung durch Gesetz oder aufgrund eines Gesetzes geregelt werden. Es könnte sich hier um eine Beschränkung aufgrund eines Gesetzes handeln. Dann müßte die SmogVO NW zunächst formell und materiell verfassungsgemäß sein[8].

---

[6] Hier lag ein maßgebliches Problem bei der Prüfung des Art. 12 I GG. Bei entsprechender Argumentation wäre auch ein anderes Ergebnis vertretbar gewesen. Der Schwerpunkt der Arbeit hätte sich dann allerdings auf Art. 2 I GG verlagert.
[7] Dies ist deshalb zu unterscheiden, weil beide Eingriffsformen verschieden hohen Rechtfertigungsanforderungen genügen müssen. Im Grunde genommen stellen Sie an dieser Stelle bereits die Weichen für die etwas später im Rahmen der verfassungsrechtlichen Rechtfertigung zu prüfende „Drei-Stufen-Theorie" (dazu Jarass/Pieroth, GG, 4. Aufl. 1997, Art. 12 Rn. 20f.).
[8] Bei Eingriffen durch behördliche Maßnahmen oder Gerichtsentscheidungen müssen Sie zunächst die Verfassungsmäßigkeit der gesetzlichen Grundlage prüfen.

Nach Art. 80 I, 1 GG können die Bundesregierung, ein Bundesminister oder die Landesregierungen durch Gesetz ermächtigt werden, Rechtsverordnungen zu erlassen. Ein solches ermächtigendes Gesetz stellt hier § 40 BImSchG dar, welches Inhalt, Zweck und Ausmaß der erteilten Ermächtigung bestimmt und damit den Anforderungen des Art. 80 I, 2 GG genügt. Somit stellt die SmogVO NW eine formell ordnungsgemäße Beschränkung der Berufsausübungsfreiheit dar.

In materieller Hinsicht müßte die Verordnung den Anforderungen des Verhältnismäßigkeitsprinzips genügen, d.h. sie müßte zur Erreichung des mit ihr angestrebten Zwecks geeignet, erforderlich und angemessen sein. Die Untersagung der Benutzung von Kraftfahrzeugen in den Sperrbezirken ist geeignet, eine weitere Schadstoffkonzentration zu verhindern und zunehmender Luftverschmutzung vorzubeugen. Die Maßnahme müßte zudem erforderlich sein. Erforderlichkeit bedeutet, daß nicht ein anderer Eingriff, der den Bürger weniger belastet, zur Zielerreichung gleichfalls geeignet ist. Jede weniger einschneidende Maßnahme würde die Schadstoffbelastung erhöhen und den Zweck vereiteln. Den Einzelnen weniger belastende Maßnahmen wären daher nicht in gleichem Umfang geeignet, den Gesetzeszweck zu erreichen. Somit ist der Eingriff auch erforderlich. Die Beschränkung müßte schließlich auch angemessen, d.h. verhältnismäßig im engeren Sinn sein. Das ist dann der Fall, wenn die Maßnahme nicht außer Verhältnis zu ihrem Zweck steht. Vorliegend geht es, wie bereits festgestellt, um eine Regelung der Berufsausübung. Nach der sog. Drei-Stufen-Lehre ist diese gerechtfertigt, wenn Gesichtspunkte der Zweckmäßigkeit sie verlangen, d.h. wenn vernünftige Erwägungen des Gemeinwohls dafür sprechen. Es ist also eine Güterabwägung zwischen den Berufsinteressen und den Gemeinwohlbelangen vorzunehmen[9]. Dabei lassen sich für die beruflichen Interessen die Angewiesenheit vieler Berufsgruppen auf eine möglichst unbeschränkte Nutzung der Kraftwagen anführen. Auf der anderen Seite gilt es zu berücksichtigen, daß die Belange des Umweltschutzes, denen die Maßnahme dient, tiefgreifende Belastungen rechtfertigen. Eine hohe Schadstoffkonzentration hat unabsehbare Konsequenzen für das gleichfalls geschützte Recht auf körperliche Unversehrtheit aus Art. 2 II, 1 GG. Im übrigen sieht die SmogVO NW in § 9 II Ausnahmen von dem grundsätzlichen Verbot beim Vorliegen bestimmter Voraussetzungen vor, die ebenfalls im öffentlichen Interesse liegen. Aus diesen Gründen rechtfertigen vernünftige und sachliche Erwägungen des Allgemeinwohls die in der SmogVO NW vorgesehenen Beschränkungen der Berufsausübungsfreiheit. Die SmogVO ist daher auch verhältnismäßig.

---

[9] Obwohl der Aufbau im Rahmen der Drei-Stufen-Theorie nicht einheitlich angewandt wird, erscheint es zweckmäßig und sinnvoll, die Problematik im Rahmen der Angemessenheit zu erörtern.

R beruft sich weiterhin darauf, Art. 19 I, 2 GG, das sog. Zitiergebot, sei nicht beachtet worden[10]. Das Grundrecht der Berufsfreiheit verlangt notwendigerweise nach gesetzlicher Ausgestaltung. Den Gesetzgeber bei der Ausführung dieses Regelungsauftrags zu einem ausdrücklichen Hinweis zu zwingen, wäre ein bloßer Formalismus, der durch die Warnfunktion des Zitiergebots nicht gefordert wird. Deshalb werden berufsregelnde Gesetze nicht als Einschränkung i. S. d. Art. 19 I GG angesehen und erfordern daher keinen Hinweis auf das betroffene Grundrecht des Art. 12 I GG.

Fraglich ist, ob die konkrete Entscheidung durch die Behörde bzw. das Gericht verfassungsgemäß ist[11]. Insoweit könnten Zweifel in bezug auf die Angemessenheit bestehen. Es ist zu bedenken, daß R durch die staatliche Maßnahme in seiner Flexibilität stark eingeschränkt ist. Dies bringt nicht zuletzt schwerwiegende wirtschaftliche Nachteile mit sich. Auf der anderen Seite bleiben natürlich die Belange des Naturschutzes und des Gesundheitsschutzes bestehen. Daneben bleibt zu berücksichtigen, daß die Benutzung eines PKW durch einen Rechtsanwalt kaum öffentlichen Zwecken dient. Im übrigen bleibt es dem R weiterhin unbenommen, mit Taxen oder öffentlichen Verkehrsmitteln, die nicht vom Verbot betroffen sind, seiner Arbeit nachzugehen. Aus diesen Gründen rechtfertigen vernünftige und sachliche Erwägungen des Allgemeinwohls den gegenüber R erfolgten Eingriff. Auch die konkrete Entscheidung gegenüber R ist daher verhältnismäßig.

Der Eingriff in den Schutzbereich von Art. 12 I GG ist also verfassungsrechtlich gerechtfertigt.

d) Ergebnis

R ist nicht in seinem Grundrecht aus Art. 12 I GG verletzt.

---

[10] Art. 19 I, 2 GG stellt keinen eigenständigen Prüfungspunkt etwa i. S. e. Grundrechts dar, obwohl man dies dem Sachverhalt bei oberflächlicher Betrachtung entnehmen könnte. Als Schranken-Schranke entfaltet das Zitiergebot vielmehr seine Wirkung im Rahmen der verfassungsrechtlichen Rechtfertigung.
[11] Es sei nochmals betont, daß bei einer Verfassungsbeschwerde gegen eine behördliche Maßnahme – also gegen die Anwendung einer gesetzlichen Vorschrift auf den Einzelfall – nicht nur die zugrunde liegende Vorschrift, sondern auch die behördliche Maßnahme selbst im Rahmen der verfassungsrechtlichen Rechtfertigung auf ihre Verfassungsmäßigkeit hin zu überprüfen ist. Dabei kommt es insbesondere auf die Prüfung der Verhältnismäßigkeit an.

2. Verletzung des Art. 14 I GG

R könnte aber in seinem Grundrecht aus Art. 14 I GG verletzt sein[12].

a) Schutzbereich

Zweifelhaft könnte bereits sein, ob überhaupt der Schutzbereich des Art. 14 I GG eröffnet ist. Art. 14 I GG schützt die Eigentumsfreiheit. Eigentum i.S. d. Vorschrift wird weit interpretiert und als Inbegriff aller vermögenswerten Rechte definiert. Als ein solches Eigentumsrecht könnte hier die Anwaltspraxis 1. S. d. eingerichteten und ausgeübten Gewerbebetriebes angesehen werden. Jedoch ist die Einbeziehung dieser Rechtsfigur in den Schutzbereich des Art. 14 I GG aufgrund ihrer Weite und Unbestimmtheit fraglich geworden[13]. Dies kann aber möglicherweise auf sich beruhen. R ist Eigentümer seines PKW. Nun schützt Art. 14 I GG aber nicht nur den Bestand des Eigentums, sondern auch dessen Nutzung durch den Eigentümer. Somit ist Art. 14 I GG zumindest im Hinblick auf die Nutzbarkeit des PKW betroffen.

b) Eingriff

Es müßte weiterhin ein Eingriff vorliegen. Ein Eingriff ist jedes staatliche Handeln, das dem Einzelnen ein Verhalten, das in den Schutzbereich eines Grundrechts fällt, unmöglich macht. Im Rahmen der Eigentumsfreiheit muß dabei geklärt werden, ob es sich um eine Inhaltsbestimmung i.S. d. Art. 14 I, 2 GG oder um eine Enteignung gemäß Art. 14 III GG handelt. Während die Inhaltsbestimmung generell und abstrakt die Rechte und Pflichten des Eigentümers festlegt und dessen Befugnisse lediglich verkürzt, wirkt die Enteignung individuellkonkret und entzieht das Eigentum endgültig. Aufgrund dieser Abgrenzung können beide Eingriffsformen unterschieden werden. Die fraglichen Bestimmungen der SmogVO NW legen abstrakt und für sämtliche Autofahrer bestimmte Verpflichtungen fest. Dabei werden die Nutzungsrechte an den Kraftfahrzeugen aber lediglich beschränkt, nicht jedoch vollständig entzogen. Zudem wirkt das eigentumsbeschränkende Fahrverbot nur für eine begrenzte Zeit. Es handelt sich daher bei dem Eingriff um eine Inhalts- und Schrankenbestimmung gemäß Art. 14 I, 2 GG.

c) Verfassungsrechtliche Rechtfertigung

Der Eingriff in den Schutzbereich könnte verfassungsrechtlich gerechtfertigt sein. Um verfassungsrechtlich gerechtfertigt zu sein, müssen Inhalts- und

---

[12] Art. 14 GG ist das wohl schwierigste Grundrecht, bei dessen Prüfung von den Korrektoren gelegentlich Nachsicht geübt wird. Gleichwohl sollten Sie sich bemühen, auch hier in dem Prüfungsschema der Grundrechtsverletzung zu bleiben: Schutzbereich – Eingriff – verfassungsrechtliche Rechtfertigung. Auch sollten Sie zumindest ansatzweise die neuere Rechtsprechung des Bundesverfassungsgerichts verwerten, wie dies im folgenden geschehen ist.
[13] Vgl. BVerfGE 51, 193, 221; 58, 300, 353.

Schrankenbestimmungen durch Gesetz erfolgen. Dabei genügen Gesetze im materiellen Sinn, d. h, auch die hier vorliegende Rechtsverordnung.

Diese Schranke muß jedoch insbesondere dem Grundsatz der Verhältnismäßigkeit entsprechen. Dabei muß im Rahmen der Eigentumsfreiheit den Belangen des Art. 14 II GG besonderes Augenmerk geschenkt werden. Der Gebrauch des Eigentums soll zugleich dem Wohl der Allgemeinheit dienen. Die Untersagung der unbeschränkten Nutzung eines PKW soll hier dem Schutz vor Luftverunreinigungen dienen, die nach Art, Ausmaß und Dauer geeignet sind, erhebliche Gesundheitsschäden für die Allgemeinheit herbeizuführen. Es dient also die eingeschränkte Nutzbarkeit des Eigentums den Belangen der Allgemeinheit. Die Einschränkung ist auf bestimmte Zeiten begrenzt, in denen die Belastung der Luft besonders extrem ist und eintretende Schäden naheliegen. Sie ist deshalb auch nicht unverhältnismäßig. Der Eingriff widerspricht somit nicht dem Verhältnismäßigkeitsgrundsatz.

Aus den gleichen Erwägungen wie bei Art. 12 I GG unterliegen auch die inhalts- und schrankenbestimmenden Gesetze des Art. 14 I, 2 GG nicht dem Zitiergebot nach Art. 19 I, 2 GG.

Auch die Entscheidung der Verwaltung verstößt nicht gegen den Verhältnismäßigkeitsgrundsatz. Die freie Verfügbarkeit des R über sein Eigentum liegt nicht in einem solchen Maße im öffentlichen Interesse, als daß seine Einschränkung gegenüber den Belangen des Umwelt- und Gesundheitsschutzes unangemessen wäre.

Somit ist die Maßnahme gegenüber R verfassungsrechtlich gerechtfertigt.

d) Ergebnis

R ist nicht in seinem Grundrecht aus Art. 14 I GG verletzt.

3. Verletzung des Art. 2 I GG

R könnte in seiner allgemeinen Handlungsfreiheit gemäß Art. 2 I GG verletzt sein. Jedoch stellt Art. 2 I GG ein Auffanggrundrecht gegenüber den speziellen Grundrechtsgewährleistungen dar, d. h. es tritt hinter diese zurück, soweit deren Schutzbereiche reichen. Hier mußte ein Eingriff in die Schutzbereiche zweier spezieller Grundrechte, nämlich aus Art. 12 I GG sowie aus Art. 14 I GG festgestellt werden. Aus diesem Grund tritt Art. 2 I GG zurück.

4. Verletzung des Art. 3 I GG

Möglicherweise ist R aber in seinem Grundrecht aus Art. 3 I GG verletzt.

a) Privilegierung bestimmter Berufe

Dies könnte zunächst einmal in Betracht kommen hinsichtlich der Privilegierung bestimmter Berufe in § 9 I SmogVO NW und der damit einhergehenden Nichtbefreiung von Rechtsanwälten[14].

aa) Ungleichbehandlung

Insoweit liegt eine Ungleichbehandlung vor.

bb) Verfassungsrechtliche Rechtfertigung

Eine Ungleichbehandlung ist verfassungsrechtlich gerechtfertigt, wenn sie nicht willkürlich erfolgt. Willkür bedeutet das Fehlen eines sachlichen Grundes. Ein sachlicher Grund liegt hier darin, daß Rechtsanwälte nicht in gleichem Umfang dem öffentlichen Interesse dienen wie die in § 9 I SmogVO NW genannten Gruppen. Ihre Tätigkeit ist auch beispielsweise nicht lebensnotwendig oder in ähnlicher Weise geeignet, Schäden zu verhüten, wie dies bei der von Rettungssanitätern oder Ärzten der Fall ist. Im übrigen wird die Tätigkeit des Rechtsanwalts auch durch die Maßnahme nur mittelbar behindert, während sie in den von § 9 I SmogVO NW erfaßten Fallgruppen vollständig vereitelt würde. Somit liegt in dieser Hinsicht ein sachlicher Grund vor.

cc) Ergebnis

Die Ungleichbehandlung ist insoweit verfassungsrechtlich gerechtfertigt.

b) Privilegierung von Rechtsanwälten in anderen Bundesländern

Eine Verletzung von Art. 3 I GG könnte aber darin liegen, daß Rechtsanwälte in anderen Bundesländern privilegiert werden.

aa) Ungleichbehandlung

Die Privilegierung von Rechtsanwälten in anderen Bundesländern stellt eine Ungleichbehandlung dar.

bb) Verfassungsrechtliche Rechtfertigung

Ein sachlicher Grund für diese Ungleichbehandlung ist nicht ersichtlich. Es ist aber zu bedenken, daß die unterschiedlichen Regelungen auch von Hoheitsträgern verschiedener Bundesländer erlassen wurden. Insoweit muß jeder Hoheitsträger sich auch nur innerhalb seiner eigenen Befugnisse an das Gleichheitsgebot halten. Gemäß dem föderativen Grundsatz der bundesstaatlichen Ordnung des Grundgesetzes darf von ihm aber nicht erwartet werden, daß er

---

[14] Es war hier sinnvoll, da eine Ungleichbehandlung in zwei Richtungen relevant wurde, dies auch bei der Prüfung zu trennen. Vgl. auch Gliederungspunkt 4. b).

auch bezüglich der Vorschriften anderer Bundesländer den Gleichheitssatz beachtet[15].

cc) Ergebnis

Somit liegt auch diesbezüglich keine verfassungswidrige Ungleichbehandlung vor.

c) Ergebnis

R ist unter keinem Gesichtspunkt in seinem Recht aus Art. 3 I GG verletzt.

5. Ergebnis

Es liegt keine Grundrechtsverletzung vor.

III. Ergebnis

Die Verfassungsbeschwerde des R ist zulässig, aber unbegründet und hat daher keine Aussicht auf Erfolg.

---

[15] Vgl. BVerfGE 51, 43, 58. Dieser gedankliche Ansatz konnte in einer Anfängerklausur nicht erwartet werden. In gleicher Weise konnte nicht davon ausgegangen werden, daß diese Einzelentscheidung bekannt war. Das Fehlen diesbezüglicher Erörterungen ist daher bei einer im übrigen gelungenen Prüfung weitgehend unschädlich.

F. Das Wahlspektakel[1]

Sachverhalt

Die Radikalgrüne Partei (RGP), die sich in mehreren Bundesländern an den bevorstehenden Landtagswahlen beteiligt, wendet sich in einem dieser Länder, dem Bundesland N, an die dort zuständige Landesrundfunkanstalt X mit dem Verlangen, einen Wahlwerbespot auszustrahlen, wie dies auch den anderen politischen Parteien zugebilligt wird. Die Rundfunkanstalt lehnt dies ab. Sie weist darauf hin, daß – wovon auszugehen ist – in dem Werbespot zwar keine strafbaren, aber doch eindeutig verfassungsfeindliche Auffassungen vertreten werden. Außerdem richte sich, wie das Landesgesetz über die Rundfunkanstalt X vorgibt, die Bemessung der Sendezeit nach dem Stimmenanteil bei den letzten Landtagswahlen. Da sich die RGP daran nicht beteiligt habe, stehe ihr keine Sendezeit zu. Nach Ausschöpfung des Rechtswegs und nach Durchführung der Landtagswahl erhebt die Partei gegen die Entscheidung der Rundfunkanstalt und die bestätigenden Gerichtsurteile, da ein Landesverfassungsgericht nicht vorhanden ist, Verfassungsbeschwerde zum Bundesverfassungsgericht. In ihrer Stellungnahme vertritt die Rundfunkanstalt die Auffassung, daß die Klage bereits als unzulässig abzuweisen sei, da die Partei ihr Begehren im Wege der Organklage geltend machen müsse, jedenfalls aber stehe ihr in der Sache kein verfassungsrechtlich begründbarer Anspruch auf Sendezeit zu. Erfolgsaussichten der Verfassungsbeschwerde?

Fallösung

Die von der RGP erhobene Verfassungsbeschwerde hat Erfolg, wenn sie zulässig und begründet ist.

I. Zulässigkeit

Die Zulässigkeit der Verfassungsbeschwerde ist zu bejahen, wenn die in den §§ 13 Nr. 8 a, 23, 90 ff. BVerfGG festgelegten Sachentscheidungsvoraussetzungen erfüllt sind.

1. Ordnungsgemäßheit der Beschwerde

Mangels entgegenstehender Angaben ist davon auszugehen, daß die RGP die Beschwerde ordnungsgemäß, d.h. schriftlich und mit einer Begründung versehen (§§ 23 I, 2, 92 BVerfGG), erhoben hat.

[1] Dieser Fall wurde im WS 1988/89 als Klausur gestellt.

2. Beteiligtenfähigkeit

Die RGP müßte fähig sein, an einem Verfassungsbeschwerdeverfahren beteiligt zu sein. Gemäß § 90 I BVerfGG kann „Jedermann" Verfassungsbeschwerde erheben. Jedermann i.S.d. Vorschrift ist derjenige, der Träger des als verletzt gerügten Grundrechts oder grundrechtsgleichen Rechts ist. Die RGP rügt eine Verletzung des Rechts auf Chancengleichheit der politischen Parteien, das sich aus Art. 3 I, III i.V.m. Art. 21 GG ergibt[2]. Die RGP wäre Inhaberin dieses Grundrechts, wenn sie Partei i.S.d. Art. 21 GG wäre[3]. Gemäß § 2 I, 1 ParteiG sind Parteien Vereinigungen von Bürgern, die dauernd oder für längere Zeit für den Bereich des Bundes oder eines Landes auf die politische Willensbildung Einfluß nehmen und an der Vertretung des Volkes im Deutschen Bundestag oder einem Landtag mitwirken wollen, wenn sie nach dem Gesamtbild der tatsächlichen Verhältnisse eine ausreichende Gewähr für die Ernsthaftigkeit dieser Zielsetzung bieten. Da entgegenstehende Anhaltspunkte nicht vorliegen, ist davon auszugehen, daß die RGP diese Voraussetzungen erfüllt.

Zweifel an ihrer Eigenschaft als Partei könnten sich jedoch daraus ergeben, daß sie möglicherweise verfassungsfeindliche Ziele verfolgt. Dagegen spricht, daß Art. 21 II, 2 GG ein Verbotsverfahren bei Verfassungswidrigkeit einer Partei vorsieht. Dieses Verfahrens bedürfte es nicht, wenn die Verfassungsmäßigkeit der Ziele bereits wesentliches Merkmal einer Partei wäre. Die Parteieigenschaft ist daher unabhängig davon zu beurteilen, ob möglicherweise verfassungsfeindliche Ziele verfolgt werden. Bei der RGP handelt es sich infolgedessen um eine Partei i.S.d. Art. 21 GG, so daß sie Trägerin des (Parteien-)Grundrechts auf Chancengleichheit und damit beteiligtenfähig i.S.d. § 90 I BVerfGG ist.

3. Prozeßfähigkeit

Die RGP ist, wie sich aus § 3 ParteiG ergibt, fähig, Prozeßhandlungen selbst bzw. durch einen Vertreter vorzunehmen. Ihre Prozeßfähigkeit ist infolgedessen gegeben.

4. Beschwerdegegenstand

Gemäß § 90 I BVerfGG müßte sich die Verfassungsbeschwerde gegen einen Akt der öffentlichen Gewalt richten. Die öffentliche Gewalt setzt sich aus der Gesetzgebung, der vollziehenden Gewalt und der Rechtsprechung zusammen (Art. 1 III, 20 II, 2 GG und §§ 93 III, 94 III BVerfGG). Die RGP wendet

---

[2] Die Herleitung des Rechts auf Chancengleichheit wird kontrovers diskutiert, hat aber für die folgende Prüfung keine Auswirkungen. Es ist daher genauso vertretbar, das Gutachten auf Art. 38 I GG („Wahlgleichheit") zu stützen.
[3] Bei der RGP handelt es sich um eine (nichtrechtsfähige) Personenvereinigung, deren Grundrechtsfähigkeit sich nach Art. 19 III GG bestimmt. Sie müßten daher an sich untersuchen, ob das Gleichheitsgebot wesensmäßig auch auf eine solche Personenvereinigung anwendbar ist. Aufgrund der einhelligen Anerkennung eines „Rechts auf Chancengleichheit der politischen Parteien" können Sie sich jedoch die zeitaufwendige Begründung der Anwendung ersparen.

sich gegen den ablehnenden Bescheid der Rundfunkanstalt X und gegen die bestätigenden Gerichtsurteile, die als Akte der Rechtsprechung ohne weiteres solche der öffentlichen Gewalt sind. Der Bescheid der Rundfunkanstalt könnte ein Akt der vollziehenden Gewalt und damit ebenfalls ein tauglicher Beschwerdegegenstand sein. Ein Akt der vollziehenden Gewalt liegt dann vor, wenn ein Hoheitsträger öffentlich-rechtliche Vorschriften anwendet. Landesrundfunkanstalten sind juristische Personen des öffentlichen Rechts. Die Zuteilung und Versagung von Sendezeiten im Rahmen eines Wahlkampfes ist in den jeweiligen Landesgesetzen geregelt. Auch die Ablehnung der Wahlsendung durch X geschah in Anwendung dieser öffentlich-rechtlichen Vorschriften. Sie ist daher ebenfalls ein Akt der öffentlichen Gewalt und deshalb ein tauglicher Beschwerdegegenstand.

5. Beschwerdebefugnis

Die RGP müßte weiterhin eine Grundrechtsverletzung geltend machen (§ 90 I BVerfGG). Dazu reicht es aus, wenn sich aus dem Vorbringen mit hinreichender Deutlichkeit die Möglichkeit einer Grundrechtsverletzung ergibt[4]. Eine Verletzung des Rechts auf Chancengleichheit der politischen Parteien wäre offensichtlich ausgeschlossen, wenn der Bescheid der Rundfunkanstalt die RGP in ihrem Statusrecht als politische Partei aus Art. 21 GG betreffen würde. In diesem Fall wäre nicht die Verfassungsbeschwerde, sondern der Organstreit die statthafte Rechtsschutzform. Statusrechte in diesem Sinn sind solche, die sich auf die Teilhabe einer Partei am Verfassungsleben beziehen. Die Maßnahme der X beschränkt nicht die Teilnahme der RGP am Verfassungsleben. Ein solches Recht könnte einer Partei ohnehin nur von einem (anderen) Verfassungsorgan streitig gemacht werden. Vielmehr betrifft der ablehnende Bescheid das Recht der RGP auf gleichberechtigte Benutzung einer öffentlichen Anstalt. Damit ist ihr Grundrecht aus Art. 3 I, III i. V. m. Art. 21 GG einschlägig. Dieses untersagt der öffentlichen Gewalt jede unterschiedliche Behandlung der Parteien, durch die deren Chancengleichheit bei Wahlen verändert wird. In diesem Sinn betrifft es nicht nur den Wahlvorgang selbst, sondern auch die Wahlvorbereitung durch Propaganda. Daß das so verstandene Grundrecht durch die Verwaltungsmaßnahme auch verletzt worden ist, erscheint deshalb nicht offensichtlich ausgeschlossen. Die RGP ist daher beschwerdebefugt i. S. d. § 90 I BverfGG[5].

---

[4] Möglichkeitsformel.
[5] Sie mußten im Rahmen dieses Gliederungspunktes sorgfältig zwischen der Möglichkeit einer Grundrechtsverletzung und der Möglichkeit einer Verletzung in Statusrechten trennen. Bei einer anderen Einordnung, die hier allerdings nicht vertretbar wäre, hätte sich der Organstreit als einschlägige Rechtsschutzform erwiesen.
Bereits hier könnte man an der Gegenwärtigkeit der Beschwer zweifeln, da die RGP die Verfassungsbeschwerde erst nach der Landtagswahl erhoben hat. Dieser Gesichtspunkt kann aber auch beim allgemeinen Rechtsschutzbedürfnis behandelt werden.

6. Rechtswegerschöpfung

Gemäß § 90 II, 1 BVerfGG ist eine Verfassungsbeschwerde erst dann zulässig, wenn der Beschwerdeführer erfolglos den Rechtsweg beschritten hat. Das ist hier der Fall.

7. Frist

Mangels entgegenstehender Anhaltspunkte ist davon auszugehen, daß die RGP die Verfassungsbeschwerde innerhalb der nach § 93 BVerfGG vorgesehenen Frist erhoben hat.

8. Allgemeines Rechtsschutzbedürfnis

Bei der RGP müßte ein allgemeines Rechtsschutzbedürfnis bestehen. Das allgemeine Rechtsschutzbedürfnis fehlt dann, wenn die Verfassungsbeschwerde nicht oder nicht mehr erforderlich ist. Die RGP hat die Verfassungsbeschwerde erst nach der Landtagswahl erhoben, so daß die Einräumung von Sendezeit nun sinnlos und die Verfassungsbeschwerde nicht mehr erforderlich sein könnte. Es ist aber zu befürchten, daß die Rundfunkanstalt bei der nächsten Wahl wieder die Einräumung von Sendezeit verweigern wird. Aus Gründen der Wiederholungsgefahr ist daher die Verfassungsbeschwerde weiterhin als erforderlich anzusehen. Es besteht folglich ein allgemeines Rechtsschutzbedürfnis.

9. Ergebnis

Die in den §§ 13 Nr. 8 a, 23, 90 ff. BVerfGG genannten Voraussetzungen sind erfüllt, so daß die von der RGP erhobene Verfassungsbeschwerde zulässig ist.

II. Begründetheit

Die Verfassungsbeschwerde ist begründet, wenn die RGP durch die Ablehnung der Ausstrahlung ihres Werbespots in einem Grundrecht oder grundrechtsgleichen Recht verletzt wäre[6].

1. Verletzung von Art. 3 I, III i.V.m. Art. 21 GG

Die RGP könnte durch den ablehnenden Bescheid in ihrem Grundrecht der Chancengleichheit verletzt sein. Dann müßte die Maßnahme eine rechtswidrige Ungleichbehandlung der RGP gegenüber den anderen Parteien darstellen.

---

[6] Als verletztes Grundrecht kommt neben dem Grundrecht auf Chancengleichheit auch Art. 5 I, 1 1. HS GG in Betracht. Dieses Freiheitsrecht soll hier ausnahmsweise erst im Anschluß an das Gleichheitsrecht geprüft werden, weil seine Auslegung durch das „klassische" Parteiengrundrecht aus Art. 3 I, III i.V. m. Art. 21 GG beeinflußt wird. Bei der Prüfung des Gleichheitsrechts liegt auch ganz offensichtlich der Schwerpunkt der Begründetheit.

a) Ungleichbehandlung

Die Rundfunkanstalt X müßte wesentlich Gleiches ungleich behandelt haben. Welche Umstände im vorliegenden Fall für die Feststellung einer Ungleichbehandlung wesentlich sind, ergibt sich aus den maßgebenden Voraussetzungen, unter denen die X Sendezeiten für gewöhnlich zuteilt[7]. Danach ist entscheidend, daß der Bewerber am Wahlverfahren teilnimmt, i. d. R. also Partei ist, und daß sich der vorgelegte Beitrag als Wahlwerbung qualifizieren läßt. Unter Beachtung dieser Voraussetzungen bekamen die anderen politischen Parteien von der X Sendezeiten zugewiesen. Auch bei der RGP handelt es sich, wie oben festgestellt, um eine politische Partei. Der Inhalt ihres Beitrages müßte Wahlwerbung sein. Unter Wahlwerbung versteht man alle Maßnahmen, die darauf abzielen, den Bürger zur Stimmabgabe für eine bestimmte Partei oder für bestimmte Wahlbewerber zu bewegen. Dabei kommt es schon im Hinblick auf Art. 21 GG nicht darauf an, ob der Inhalt des Beitrages mit der verfassungsmäßigen Ordnung des Grundgesetzes im Einklang steht. Damit fällt auch der Beitrag der RGP unter die Wahlwerbung. Die RGP und die anderen Parteien sind daher im wesentlichen gleich. Dadurch, daß der RGP keine Sendezeit zur Verfügung gestellt wurde, wurde sie im Vergleich zu den anderen Parteien ungleich behandelt.

b) Verfassungsrechtliche Rechtfertigung

Die Ungleichbehandlung der RGP gegenüber den anderen Parteien könnte gerechtfertigt sein. Das wäre dann der Fall, wenn sie nicht willkürlich, sondern aus einem sachlichen Grund erfolgt wäre. Ein sachlicher Grund liegt dann vor, wenn die Ungleichbehandlung einen legitimen Zweck verfolgt hat und zur Erreichung dieses Zweckes geeignet, notwendig und verhältnismäßig im engeren Sinne gewesen ist.

Die X verfolgte mit dem ablehnenden Bescheid gegenüber der RGP das Ziel, die Verbreitung verfassungsfeindlicher Wahlwerbungsinhalte zu verhindern. Dieses Ziel kann nur dann legitim sein, wenn es sich mit den gesetzlichen bzw. verfassungsrechtlichen Vorgaben im Einklang befindet. Die Kontrolle des Inhaltes einer Wahlwerbung durch eine Anstalt des öffentlichen Rechts könnte gegen das in Art. 21 GG verankerte Parteienprivileg verstoßen. Danach darf über Fragen der Verfassungswidrigkeit von Parteien allein das Bundesverfassungsgericht entscheiden. Ein Einschreiten der Exekutive ist erst dann gerechtfertigt, wenn über die bloße Verfassungsfeindlichkeit hinaus, quasi jenseits der in Art. 21 GG verbürgten Toleranzgrenze, Strafbestimmungen verletzt würden. in dem von der RGP vorgelegten Werbespot werden keine strafbaren Auffassungen vertreten. Dieser Zweck, den die X mit dem Verbot verfolgt, ist daher nicht legitim und stellt infolgedessen auch keinen sachlichen Grund für eine Ungleichbehandlung dar.

---

[7] Eine allgemeine Definition dafür, wann etwas „wesentlich" gleich ist, gibt es nicht.

Die X begründet ihre Maßnahme auch damit, daß die RGP bei der vorange-gangenen Wahl keine Stimmen erhalten hat. Fraglich ist, ob wenigstens im Hinblick darauf die Versagung von Sendezeiten legitim ist. Die X ist Trägerin öffentlicher Gewalt und als solche zu Ausgewogenheit und Objektivität ver-pflichtet. Der Grundsatz der Objektivität verlangt auch, bei der Verteilung von Sendezeiten an politische Parteien deren unterschiedliche Gewichtung zu be-rücksichtigen, um den Bürgern ein unverzerrtes Bild der politischen Kräfteverhältnisse zu geben. Dieses Gebot wird durch § 5 I, 2 ParteiG konkretisiert, wonach der Umfang einer Gewährung, d. h. der Benutzung einer öffentlichen Einrichtung, entsprechend der politischen Bedeutung der Partei abgestuft wer-den kann. Wie sich aus § 5 I, 3 ParteiG ergibt, bemißt sich die Bedeutung einer Partei insbesondere auch nach den Ergebnissen vorausgegangener Wahlen. Dar-aus könnte man wie die X schließen, daß eine Partei, die mangels Beteiligung an einer Wahl noch keine Stimmen erzielt hat, keine zu repräsentierende Bedeutung habe. Ein sachlicher Grund für die Ungleichbehandlung wäre dann gegeben. Dagegen ist jedoch einzuwenden, daß nach dem Wortlaut des § 5 I, 3 ParteiG noch andere Kriterien als der Stimmanteil für die Bedeutung einer Partei aus-schlaggebend sind, wie z. B. die Zeitdauer des Bestehens, die Mitgliederzahl usw. Insbesondere ist zu berücksichtigen, daß eine Personenvereinigung, um über-haupt den Status als politische Partei zu erlangen, schon eine gewisse Bedeutung für das politische und gesellschaftliche Leben nachweisen muß (§ 2 I ParteiG). Einer solchen, wenn möglicherweise auch geringen Bedeutung wird der Aus-schluß von der Rundfunkwerbung nicht gerecht.

Schließlich könnte man damit argumentieren, daß der Ausschluß von der Rundfunkwerbung für solche Parteien, die noch keine Stimmen erzielt haben, der gefährlichen Bildung zahlreicher neuer Parteien und damit einer Zersplit-terung vorbeugen soll. Das würde allerdings bedeuten, daß Vertreter von Min-derheiten benachteiligt würden, und liefe einem wirksamen Minderheitenschutz entgegen. Andererseits ist zu sehen, daß der Gefahr einer Zersplitterung bereits durch die Fünf-Prozent-Klausel (§ 6 VI BWG) begegnet wird. Auch der Um-stand, daß die RGP noch keine Stimmen erzielt hat, ist daher kein sachlicher Grund für die oben dargestellte Ungleichbehandlung. Diese ist folglich nicht verfassungsrechtlich gerechtfertigt.

c) Ergebnis

Die RGP ist durch die Ablehnung der Ausstrahlung ihres Wahlwerbespots in ihrem Grundrecht aus Art. 3 I, III 1. V. m. Art. 21 GG verletzt.

2. Verletzung von Art. 5 I, 1 1. HS GG

Die RGP könnte durch den ablehnenden Bescheid in ihrem Grundrecht aus Art. 5 I, 1 1. HS GG verletzt sein. Voraussetzung dafür ist ein rechtswidriger Eingriff in den Schutzbereich.

a) Betroffenheit des Schutzbereichs

Die Verbreitung des Werbespots durch das Medium Rundfunk müßte zunächst ein durch Art. 5 I, 1 1. HS GG geschütztes Verhalten darstellen. Art. 5 I, 1 1. HS GG schützt jede Form der Meinungskundgabe. Unter dem Begriff Meinung versteht man jede Auffassung oder Ansicht, unabhängig davon, ob sich diese auf tatsächliche oder geistige Dinge bezieht, oder ob sie richtig oder falsch ist. Inhalt des Wahlspots ist die Werbung für die Stimmenabgabe zugunsten der RGP. Darin kommt die Ansicht zum Ausdruck, die RGP sei aufgrund ihrer Wahlaussage von den Bürgern bei der Wahl zu bevorzugen. Die Ausstrahlung des Werbespots erfüllt daher die Voraussetzungen einer Meinungskundgabe im o. g. Sinn.

Trotz der Ablehnung durch die X ist die RGP nicht daran gehindert, ihre Meinung auf andere Weise zu verbreiten. Jedoch geht es der RGP gerade darum, sich dieses Massenkommunikationsmittels zu bedienen. Fraglich ist daher, ob ein solcher Leistungsanspruch vom Schutzbereich des Art. 5 I, 1 1. HS GG umfaßt wird. Dagegen spricht zunächst, daß der Wortlaut des Art. 5 I GG scharf zwischen der individuellen Meinungsverbreitung (Art. 5 I, 1 GG) und der Freiheit der Massenmedien (Art. 5 I, 2 GG) unterscheidet. Das Recht, seine individuelle Meinung zu äußern, bedeutet daher nicht auch das Recht darauf, sich der Massenkommunikationsmittel zu bedienen. Darüber hinaus ist zu bedenken, daß die Funktion der Massenmedien aufgehoben würde, wenn jeder auch nur halbwegs begründete Anspruch auf Verbreitung einer privaten Meinung erfüllt werden müßte. Art. 5 I, 1 1. HS GG gewährt daher keinen Anspruch auf Benutzung von Massenmedien. Der Schutzbereich ist folglich nicht betroffen.

b) Ergebnis

Die RGP ist daher nicht in ihrem Grundrecht aus Art. 5 I, 1 1. HS GG verletzt.

III. Ergebnis

Die von der RGP erhobene Verfassungsbeschwerde ist zulässig und aufgrund einer Verletzung ihres Grundrechts auf Chancengleichheit der Parteien aus Art. 3 I, III i. V. m. Art. 21 GG auch begründet. Sie hat daher Aussichten auf Erfolg.

G. Mr. Wash[1]

Sachverhalt

Aufgrund der Überzeugung, daß die frühere Tätigkeit für das Ministerium für Staatssicherheit der DDR („Stasi") einem Abgeordneten die Legitimität nimmt, dem Parlament anzugehören, hat der Bundestag mit überwältigender Mehrheit das Verfahren zum Zweck der „Selbstreinigung" des Parlaments in § 44 b des Gesetzes über die Rechtsverhältnisse der Mitglieder des BT (AbgG) aufgenommen. Der Ausschuß des BT für Wahlprüfung, Immunität und Geschäftsordnung („Ausschuß") hat durch Beschluß ein entsprechendes Verfahren gegen den Abgeordneten G eingeleitet, weil vorgefundene Dokumente für die Annahme sprechen, daß G der Stasi zugearbeitet hat.

Das Überprüfungsverfahren nach § 44 b AbgG verzichtet – anders als das Verfahren bei parlamentarischen Untersuchungsausschüssen – auf Zeugen- und Sachverständigenbeweise; es beschränkt sich auf Urkunden und Angaben der Betroffenen. Der Abgeordnete kann jederzeit gehört werden. Ihm sind Schriftstücke zur Verfügung zu stellen, anhand deren sich zügig und nachhaltig belegen läßt, ob eine Belastung durch Mitarbeit beim Staatssicherheitsdienst besteht oder nicht. Ferner sind keine rechtlichen Sanktionen für den Abgeordneten – etwa die Aberkennung des Mandats – vorgesehen. Es kann lediglich die Niederlegung des Mandats empfohlen werden, wenn dessen fortdauernde Innehabung unzumutbar erscheint, wobei diese Empfehlung geheimzuhalten ist.

Der Abgeordnete G vertritt die Ansicht, schon die Einleitung eines derartigen Verfahrens gegen ihn greife unzulässig in seine Grundrechte sowie sein freies Mandat sein. Er erstrebt deshalb vor dem BVerfG im Wege eines Organstreitverfahrens Rechtsschutz gegen den gem. § 44 b AbgG ergangenen Beschluß des BT-Ausschusses, ihn auf eine Tätigkeit für das Ministerium für Staatssicherheit/ Amt für Nationale Sicherheit der DDR zu überprüfen.

Prüfen Sie die Erfolgsaussichten!

Anhang

§ 44 b AbgG

(1) Mitglieder des Bundestages können beim Präsidenten schriftlich die Überprüfung auf eine hauptamtliche oder inoffizielle Tätigkeit oder politische Verantwortung für den Staatssicherheitsdienst der ehemaligen Deutschen Demokratischen Republik beantragen.

(2) Eine Überprüfung findet ohne Zustimmung statt, wenn der Ausschuß für Wahlprüfung, Immunität und Geschäftsordnung das Vorliegen von konkreten

---

[1]   Dieser Fall wurde im SS 1998 im Rahmen der Anfängerübungen im Öffentlichen Recht als Klausur gestellt.

Anhaltspunkten für den Verdacht einer solchen Tätigkeit oder Verantwortung festgestellt hat.

(3) Das Verfahren wird in den Fällen der Absätze 1 und 2 vom Ausschuß für Wahlprüfung, Immunität und Geschäftsordnung durchgeführt.

(4) Das Verfahren zur Feststellung einer Tätigkeit oder Verantwortung für das Ministerium für Staatssicherheit/Amt für Nationale Sicherheit der ehemaligen Deutschen Demokratischen Republik legt der Deutsche Bundestag in Richtlinien fest.

Fallösung

Das nach Art. 93 I Nr. 1 GG, §§ 13 Nr. 5, 63 ff. BVerfGG statthafte Organstreitverfahren vor dem BVerfG hat Erfolg, wenn es zulässig und begründet ist.

I. Zulässigkeit[2]

1. Beteiligtenfähigkeit

Die an diesem Verfahren Beteiligten müßten zunächst beteiligten- bzw. parteifähig sein. Antragsteller und Antragsgegner eines Organstreitverfahrens können gemäß § 63 BVerfGG die dort aufgezählten Verfassungsorgane sowie Teile dieser Organe sein, sofern ihnen das Grundgesetz oder eine Geschäftsordnung des Bundestags bzw. des Bundesrats eigene Wahrnehmungsrechte verleiht. Danach könnten sowohl der Abgeordnete G als Antragsteller als auch der Ausschuß als Antragsgegner Teile des Verfassungsorgans Bundestag i. S. des § 63 BVerfGG sein. Organteile des Bundestags sind Zusammenschlüsse wie Fraktionen oder andere ständig vorhandene Gremien. Zu solchen Unterorganen des Bundestags zählen auch Ausschüsse, die unter anderem in Art. 43 I GG und §§ 62 I, 68 GO BT mit eigenen Rechten ausgestattet und damit beteiligtenfähig sind. Anders verhält es sich mit einem einzelnen Abgeordneten, der allenfalls ein Organmitglied aber kein Organteil sein kann. Dessen Beteiligtenfähigkeit könnte sich jedoch unmittelbar aus Art. 93 I Nr. 1 GG herleiten. G ist ein „anderer Beteiligter" i. S. dieser Vorschrift, dem in Art. 38 I, 2 GG ein eigener verfassungsrechtlicher Status und daraus resultierende Befugnisse als Abgeordneter zugeordnet sind. Folglich ist auch G beteiligtenfähig.

2. Prozeßführungsbefugnis des Antragstellers

Grundsätzlich ist nur der Antragsteller prozeßführungsbefugt, der eigene Rechte wahren will. G geht es um die Wahrung seiner Grundrechte sowie seines Rechts auf ein freies Mandat, mithin um eigene Rechte. Seine Prozeßführungsbefugnis liegt daher vor.

---

[2] Zum Aufbau des Organstreitverfahrens vgl. Sie das Schema im 1. Teil unter E. (S. 25).

3. Streitgegenstand

Gegenstand des Organstreitverfahrens kann gemäß § 64 I BVerfGG nur eine Maßnahme oder Unterlassung des Antragsgegners sein. Als solche kommt hier nur der Beschluß des Ausschusses in Betracht. Dann müßte dieser als beanstandetes Verhalten eine gewisse Rechtserheblichkeit aufweisen, der Antragsteller also durch die Maßnahme in seinem Rechtskreis konkret betroffen sein[3]. Der Beschluß hat das Vorliegen konkreter Anhaltspunkte für den Verdacht einer Stasi-Tätigkeit des G festgestellt und ihn verpflichtet, sich einer Überprüfung gemäß § 44 b I AbgG zu stellen. Somit löst diese Maßnahme eine konkrete rechtliche Betroffenheit beim Antragsteller aus. Ein tauglicher Streitgegenstand i. S. des § 64 I BVerfGG ist damit gegeben[4].

4. Antragsbefugnis

G ist gemäß § 64 I BVerfGG antragsbefugt, wenn er geltend machen kann, daß er durch die Maßnahme des Antragstellers in seinen verfassungsrechtlichen Rechten und Pflichten verletzt oder unmittelbar gefährdet wird. Dann müßte sein Sachvortrag die Verletzung oder Gefährdung von durch das Grundgesetz übertragenen Rechten und Pflichten als möglich erscheinen lassen[5].

G beruft sich zum einen auf die Verletzung seiner Grundrechte. In Frage käme hier ein Eingriff in das aus Art. 1 I GG i. V. m. Art. 2 I GG abgeleitete Recht auf informationelle Selbstbestimmung. Ein Organstreit setzt jedoch voraus, daß sich die beteiligten Parteien in einem verfassungsrechtlichen Rechtsverhältnis befinden und über bestimmte Folgerungen aus diesem Rechtsverhältnis streiten. G kann somit ausschließlich Rechte geltend machen, die sich aus seiner organschaftlichen Stellung als Abgeordneter i.S. des Art. 38 I, 2 GG ergeben, nicht aber jedermann zustehende subjektive Rechte. G kann sich deshalb im Organstreitverfahren nicht auf eine Verletzung seiner Grundrechte berufen.

Zum anderen rügt G einen unzulässigen Eingriff in sein freies Mandat. Gegen eine mögliche Verletzung des in Art. 38 I, 2 GG verankerten verfassungsrechtlichen Abgeordnetenstatus könnte jedoch sprechen, daß das Ergebnis der durch den Beschluß eingeleiteten individuellen Überprüfung des G keine rechtliche Sanktion – wie beispielsweise die Aberkennung des Mandats – nach sich zieht,

---

[3] Diese Voraussetzung bereitet bei Organstreitverfahren häufig Schwierigkeiten. Sie können diesen Prüfungspunkt auch im Rahmen der Antragsbefugnis erörtern.

[4] Hätte G hier ein Organstreitverfahren gegen den Bundestag als Antragsgegner eingeleitet, wäre als Maßnahme zuvorderst der Erlaß des § 44 b AbgG in Frage gekommen. Jedoch hätte es dann an der Rechtserheblichkeit des beanstandeten Verhaltens gefehlt, denn § 44 b AbgG und die dazu ergangenen Bestimmungen allein setzen ein Überprüfungsverfahren nicht in Gang. Mangels unmittelbarer rechtlicher Auswirkungen auf die Rechte der Abgeordneten wäre demnach der Erlaß dieser Vorschriften als tauglicher Streitgegenstand ausgeschieden.

[5] Da auch das Organstreitverfahren ein Instrument des subjektiv-rechtlichen Rechtsschutzes ist, taucht hier im Grunde wieder die Möglichkeitsformel auf, die Sie bereits von der Verfassungsbeschwerde (vgl. § 90 I BVerfGG) her kennen.

sondern lediglich die geheimzuhaltende Empfehlung erteilt werden kann, das Mandat niederzulegen, wenn dessen weitere Innehabung unzumutbar erscheint. Zweifel an der Antragsbefugnis des G könnten insbesondere dann bestehen, wenn an das Vorliegen einer möglichen Rechtsverletzung des Antragstellers im Organstreitverfahren die gleichen Anforderungen gestellt werden müßten wie an die Geltendmachung einer Beschwerdebefugnis nach § 90 I BVerfGG im Rahmen einer Verfassungsbeschwerde. Im Organstreit wird jedoch nicht um Freiheitsrechte gestritten, die durch hoheitliche Eingriffe verletzt worden sein könnten. Es geht nicht um die Wahrung von Individualrechten, sondern um die Abgrenzung der Befugnisse von Staatsorganen. Demgemäß ist hier mit einer möglichen Verletzung von „Rechten" zuvorderst gemeint, daß der Antragsgegner seine Kompetenzen zu Lasten der Befugnisse des G überschritten haben könnte.

Im vorliegenden Fall könnte in den Status des G als Träger des freien Mandats dadurch eingegriffen worden sein, daß es dem jeweiligen Abgeordneten nicht selbst überlassen bleiben soll, ob überhaupt und wenn ja, welche Folgerungen aus einer früheren Tätigkeit für den Staatssicherheitsdienst zu ziehen sind. Darüber hinaus könnte bereits die von dem Ausschuß beschlossene Überprüfung mit der verfassungsrechtlichen Stellung eines vom Volk wirksam gewählten Abgeordneten unvereinbar sein, so daß eine Rechtsverletzung des G bereits mit der Einleitung und nicht erst mit der das Verfahren abschließenden Feststellung verwirklicht wäre. Daher erscheint eine Verletzung oder zumindest eine unmittelbare Gefährdung des freien Mandats durch den Beschluß des Ausschusses möglich. G ist somit nach § 64 I BVerfGG antragsbefugt.

5. Sonstige Zulässigkeitsvoraussetzungen

Mangels entgegenstehender Angaben kann von einer ordnungsgemäßen Antragstellung durch G nach §§ 23 I, 64 II BVerfGG sowie von der Einhaltung der Frist gemäß § 64 III BVerfGG ausgegangen werden. Insbesondere braucht die von § 64 II BVerfGG geforderte Bezeichnung der Bestimmung des Grundgesetzes, gegen die durch die beanstandete Maßnahme oder Unterlassung des Antragsgegners angeblich verstoßen wird, nicht ausdrücklich zu erfolgen. Vielmehr reicht es aus, wenn sie sich aus dem Inhalt der Antragsbegründung entnehmen läßt.

6. Ergebnis

Das von G eingeleitete Organstreitverfahren ist zulässig.

II. Begründetheit

Der Antrag des G ist begründet, wenn die Maßnahme des Ausschusses seine verfassungsmäßigen Rechte und Pflichten verletzt oder unmittelbar gefährdet. Hier könnte der Beschluß des Ausschusses den G in seinem Abgeordnetenstatus nach Art. 38 I, 2 GG verletzen. Dann müßte das gegen ihn eingeleitete Überprüfungsverfahren in die Freiheit oder Gleichheit des Abgeordneten eingreifen, ohne daß dieser Eingriff verfassungsrechtlich gerechtfertigt wäre[6].

1. Anwendungsbereich der Norm

Erforderlich ist zunächst, daß die in Art. 38 I, 2 GG garantierten Prinzipien einer freien und gleichen Ausübung des Abgeordnetenmandats überhaupt betroffen sind.

a) Grundsatz des freien Mandats

Die Freiheit des Abgeordneten hinsichtlich seiner Mandatsausübung kommt in der Formulierung „an Aufträge und Weisungen nicht gebunden und nur ihrem Gewissen unterworfen" zum Ausdruck. Bindungsfreiheit bedeutet dabei nicht nur, daß ein Abgeordneter weder Aufträge ausführen noch Weisungen nachkommen muß, diese also nichtig sind, sondern daß es bereits rechtlich unzulässig ist, derartige Aufträge und Weisungen zu erteilen. Die dadurch gewährte sachliche und persönliche Unabhängigkeit von jeglicher staatlicher Beeinträchtigung wird durch die ausschließliche Gewissensunterworfenheit des Abgeordneten unterstrichen, die als positive Bestätigung seiner Freiheit von rechtlichen Verpflichtungen gleich welcher Art zu verstehen ist.

Das freie Mandat richtet sich daher gegen jede zwangsweise staatliche Einflußnahme, die den Bestand des Mandats sanktioniert oder inhaltliche Bedingungen der höchstpersönlichen Mandatsausübung herbeizuführen trachtet. Verboten sind danach sowohl die Verpflichtung von Abgeordneten, bei Eintritt bestimmter Umstände während der Amtsperiode ihr Mandat niederzulegen als auch staatliche Maßnahmen, die an ein Verhalten des Abgeordneten vor der Wahl anknüpfen. Der Beschluß ordnet hier die Einleitung des Überprüfungsverfahrens gegenüber G aufgrund von Dokumenten an, die Hinweise auf eine frühere Stasi-Tätigkeit enthalten und somit an ein Verhalten des Abgeordneten vor der Wahl anknüpfen. G ist folglich durch den Beschluß zumindest in seinem Abgeordnetenstatus betroffen.

b) Grundsatz der Gleichheit aller Abgeordneten

Aus Art. 38 I, 2 GG folgt zugleich der parlamentarische Grundsatz, wonach alle Abgeordneten formal gleichgestellt sind. Da die vom Volk ausgehende Staatsgewalt nur vom Parlament als Volksvertretung im Sinne der Gesamtheit seiner Mitglieder ausgeübt werden kann, müssen allen Abgeordneten die gleichen Mitgliedschaftsrechte zuteil werden. Davon umfaßt ist das Recht, sich an den parlamentarischen Funktionen und Aufgaben des Bundestags gleichmäßig zu

---

[6] Aus diesem Obersatz ergibt sich, daß der Aufbau der Prüfung in etwa dem einer Grundrechtsverletzung folgen wird. Erörtert wird zunächst die Frage nach der Anwendbarkeit der Norm, sodann der Eingriff in die geschützte Rechtsstellung. Schließlich prüfen Sie die Möglichkeit einer Rechtfertigung durch andere Rechtsgüter von Verfassungsrang.

beteiligen. Diese Mitwirkungsbefugnis verbietet Differenzierungen innerhalb des verfassungsrechtlichen Status der Abgeordneten, die ihre formale Gleichstellung beeinträchtigen[7]. Indem die Einleitung des Überprüfungsverfahrens nur gegenüber G und nicht auch gegenüber allen übrigen Abgeordneten erfolgt, löst der Beschluß zugleich auch eine Betroffenheit des G in seinem Anspruch auf formale Gleichstellung aus.

2. Eingriff in die geschützte Rechtsstellung

Darüber hinaus müßte der Beschluß in die garantierte Freiheit und Gleichheit des G als Mandatsträger eingreifen.

Da sich die durch Wahl erworbene Legitimation des Abgeordneten nicht im formalen Innehaben und tatsächlichen Ausüben seines Mandats durch Teilnahme am Prozeß der parlamentarischen Willensbildung erschöpft, kann sein Status auch dann berührt sein, wenn die Legitimation seines Mandats im Rahmen eines Überprüfungsverfahrens in Abrede gestellt[8] wird. Zwar zielt das auch gegen den Willen des Abgeordneten durchführbare Überprüfungsverfahren nach § 44 b AbgG nicht auf den Verlust seines Mandats. Es beruht jedoch auf der Prämisse, daß die frühere Tätigkeit eines Abgeordneten für die Staatssicherheit diesem die Legitimität nehme, Mitglied des Bundestags zu sein. Auch wenn das Verfahren nach § 44 b AbgG das Mandat und die aus ihm folgenden Rechte unberührt läßt und auch nicht – bei entsprechendem Ausgang des Verfahrens – die Ehre des Abgeordneten im Sinne eines personalen Rechtsguts beschnitten werden soll, kann es – wie es der Zweck des Verfahrens, zur „Selbstreinigung" des Parlaments beizutragen, belegt – in der Sache zu dem Urteil führen, der betroffene Abgeordnete sei politisch unwürdig, dem Parlament anzugehören. Folglich betrifft eine derartige Feststellung auch die organschaftliche Stellung des G. Der Beschluß des Ausschusses greift somit in sein nach Art. 38 I, 2 GG garantiertes, freies Mandat ein.

Da die Einleitung des Verfahrens nur gegenüber G zugleich gegen das Differenzierungsverbot verstößt, liegt auch ein Eingriff in das Recht des G auf formale Gleichbehandlung vor.

3. Verfassungsrechtliche Rechtfertigung

Indem Art. 38 I, 2 GG keine ausdrückliche Einschränkung vorsieht, können die Rechte des Abgeordneten eine Beschränkung nur durch andere Rechtsgüter von Verfassungsrang erfahren, sofern sich diese im Einzelfall als vorrangig erweisen[9].

---

[7] Die Ableitung dieses zusätzlichen Prüfungspunktes aus Art. 38 I, 2 GG stellte vor allem deswegen eine Schwierigkeit der Klausur dar, weil das Problem im Sachverhalt nicht explizit angesprochen wird.
[8] Wenn dieses Überprüfungsverfahren zumindest mittelbar vom Parlament ausgeht, hat sich hierfür der Begriff „Kollegialquote" eingebürgert.
[9] Dieser Ansatz ist vergleichbar mit dem Rückgriff auf die verfassungsimmanenten Schranken bei vorbehaltlos gewährten Grundrechten.

Fraglich ist, ob die durch das Überprüfungsverfahren nach § 44 b AbgG verfolgten Zwecke diesen Anforderungen genügen und die Einleitung des Verfahrens gerade gegenüber G rechtmäßig ist[10].

a) Rechtmäßigkeit des Verfahrens nach § 44 b AbgG

Das Überprüfungsverfahren müßte den formellen und materiellen verfassungsrechtlichen Voraussetzungen genügen.

aa) Gesetzesvorbehalt

Zwar ist anerkannt, daß sich der Regelungsauftrag des Art. 38 III GG nur auf die Ausgestaltung des Wahlrechts nach Art. 38 I 1, II GG bezieht, doch müssen Regelungen, die eine Einschränkung der Stellung des Abgeordneten nach Art. 38 I, 2 GG zur Folge haben, jedenfalls in einem Rechtssatz fixiert werden. Hier genügt die mittelbar angegriffene Vorschrift des AbgG und die dazu ergangenen Richtlinien diesem Erfordernis. Auch ist es sachgerecht, daß der Bundestag eine so wesentliche Frage wie die nach der Parlamentswürdigkeit von Abgeordneten auf der Ebene des formellen Gesetzesrechts regelt.

bb) Vorrangiges Rechtsgut von Verfassungsrang

Fraglich ist, ob das auf § 44 b AbgG beruhende Überprüfungsverfahren mit seinen einschränkenden Wirkungen durch ein Rechtsgut von Verfassungsrang gerechtfertigt ist. Als ein solcher Verfassungswert kommt die politische Vertrauenswürdigkeit und Integrität des Parlaments in Betracht, die aus seiner Qualität als Volksvertretung herrührt und sich letztlich ebenfalls aus Art. 38 I, 2 GG und dem Demokratieprinzip ableiten läßt. Die politische Integrität des Parlaments zu erhalten und zu fördern, ist eine Aufgabe, die vor allem dem Bundestag selbst überantwortet bleibt. Da die Würde des Parlaments abhängig ist von der Parlamentswürdigkeit der einzelnen Abgeordneten, könnte hieraus die Befugnis abgeleitet werden, in sachlich gebotenem Umfang in die Selbstbestimmung der Abgeordneten und damit in ihren verfassungsrechtlichen Status einzugreifen. Dabei muß zwischen der Regelung über die Einleitung des Verfahrens und der über seine Durchführung unterschieden werden[11].

(1) Regelung über die Einleitung des Verfahrens

Überträgt der Bundestag einem parlamentarischen Gremium den Auftrag, Sachverhalte zu ermitteln, die seine Integrität und parlamentarische Vertrauenswürdigkeit berühren, so ist er gehalten, den durch das Wählervotum erlangten, repräsentativen Status des unabhängigen Abgeordneten zu achten. Er ist grundsätzlich gehindert, das Verhalten eines Abgeordneten vor der Wahl, soweit es

---

[10] Zu unterscheiden war hier zwischen der Rechtmäßigkeit des Überprüfungsverfahrens an sich und seiner Einleitung gegenüber G im konkreten Fall.
[11] Diese Unterscheidung war wesentlich für eine strukturierte Überprüfung des Verfahrens auf seine verfassungsrechtliche Vereinbarkeit mit dem Abgeordnetenstatus des G nach Art. 38 I, 2 GG und war nach dem Sachverhalt auch naheliegend.

nicht zulässigerweise seine Wählbarkeit betrifft, zum Anknüpfungspunkt eines besonderen Überprüfungsverfahrens zu machen. Daher kommt eine Kollegialenquete ausnahmsweise nur dann in Betracht, wenn die zurückliegenden Vorgänge zu einer nachhaltigen Störung des Vertrauens in das Parlament führen können.

Vom Vorliegen dieser Voraussetzungen darf der Bundestag hinsichtlich derjenigen Abgeordneten ausgehen, die sich durch ihre Mitarbeit beim Staatssicherheitsdienst der ehemaligen DDR einer schwerwiegenden Verletzung der Freiheitsrechte anderer schuldig gemacht haben. Der Staatssicherheitsdienst war ein zentraler Bestandteil des totalitären Machtapparats der DDR, der als Instrument der politischen Kontrolle und Unterdrückung der gesamten Bevölkerung fungierte. Sind Abgeordnete in das Parlament gewählt worden, bei denen gemäß § 44 b II AbgG besondere Verdachtsmomente einer Tätigkeit für das Ministerium für Staatssicherheitsdienst aufgetaucht sind, kann der Bundestag ein öffentliches Untersuchungsinteresse von hinreichendem Gewicht annehmen. Er muß als Folge des Übergangs von der Diktatur zur Demokratie in den neuen Ländern nicht davon ausgehen, daß die Wähler solche Abgeordnete ungeachtet einer möglicherweise später aufgedeckten Verstrickung gewählt haben.

Kann sich somit der Bundestag zur Überprüfung der unter § 44 b II AbgG fallenden Abgeordneten auf ein öffentliches Untersuchungsinteresse von Verfassungsrang stützen, untergräbt der Beschluß nicht die aus der Freiheit des Mandats fließende besondere Legitimation des Abgeordneten. Ebensowenig wird dadurch der aus dem Abgeordnetenstatus resultierende Grundsatz demokratischer, formaler Gleichbehandlung mit anderen Abgeordneten verletzt, der bei Vorliegen besonderer Gründe Differenzierungen zuläßt.

Damit ist die der Einleitung des Verfahrens gegen den Abgeordneten G zugrundeliegende Befugnisnorm des § 44 II AbgG rechtmäßiger Ausdruck der von Verfassungs wegen gesetzten Schranken des Art. 38 I, 2 GG.

(2) Regelung über die Durchführung des Verfahrens

Nicht nur die Einleitung des Verfahrens, sondern auch seine Durchführung muß sich als Verkörperung des gegenüber Art. 38 I, 2 GG vorrangigen Verfassungswertes darstellen und in seiner Reichweite und Ausgestaltung durch den Schutz des Parlaments gedeckt sein. Der Respekt vor dem repräsentativen Status des freien Abgeordneten fordert von Verfassungs wegen Sicherungen auch zu seinem Schutz. Dies bedeutet vor allem die Einräumung von Beteiligungsrechten, die nicht nur das rechtliche Gehör gewährleisten, sondern es dem Abgeordneten auch gestatten, aktiv an der Gewinnung des Beweisergebnisses mitzuwirken. Überdies muß die abschließende Auskunft über den ermittelten Sachverhalt der Eigenart des gewählten Verfahrens sowie der zugelassenen Beweismittel Rechnung tragen. Das Überprüfungsverfahren gemäß § 44 b AbgG verzichtet bewußt auf Zeugen- und Sachverständigenbeweise. Der Ausschuß kann eine belastende Feststellung ausschließlich auf den Inhalt von Urkunden und die Aussage des betroffenen Abgeordneten selbst stützen. Dadurch wird jeder Anschein vermieden, es könnte sich um ein parlamentarisches Untersuchungsverfahren oder gerichtsähnliches Verfahren handeln. Zudem muß der Ausschuß von der Verstrickung des Abgeordneten eine so sichere Überzeugung gewinnen, daß auch angesichts der beschränkten Beweismittel vernünftige Zweifel an der Richtigkeit der Feststellung ausgeschlossen sind. Ferner ist gewährleistet, daß der Abgeordnete jederzeit gehört werden kann. Schließlich wird sein Selbstbestimmungsrecht auch dadurch geachtet, daß der Ausschuß lediglich eine freiwillige Niederlegung des Mandats empfehlen darf und es aufgrund der Verpflichtung zur Geheimhaltung der gegebenen Empfehlung allein der Entscheidung des Abgeordneten überantwortet bleibt, ob er Dritte über das Ergebnis des Überprüfungsverfahrens in Kenntnis setzt. Trotz des dadurch gewährleisteten Schutzes des Abgeordnetenstatus wäre ein verfassungswidriger Eingriff in das freie Mandat der betroffenen Abgeordneten zu besorgen, wenn diese nicht die Möglichkeit hätten, nach der Bewertung ihres Verhaltens Verdächtigungen nachhaltig zu begegnen. Gleichsam als Kehrseite der Geheimhaltungspflicht kann infolge der Durchführung von Überprüfungsverfahren im Parlament ein Klima von Mißtrauen entstehen, wovon insbesondere solche Abgeordnete in Mitleidenschaft gezogen würden, die ohne Stasivergangenheit zu Unrecht nachhaltigen Verdächtigungen ausgesetzt wären. Einzelne Abgeordnete könnten sich somit nicht nur an effektiver Arbeit im Bundestag gehindert, sondern sogar zur Niederlegung ihres Mandats gezwungen sehen. Aus diesem Grund muß das Parlament, welches die Überprüfung von Abgeordneten ermöglicht, dafür Sorge tragen, daß trotz bestehender Geheimhaltungspflicht auf Seiten der Ausschußmitglieder eine korrekte Wiedergabe des Umfangs und des Ergebnisses der Ermittlungen gewährleistet ist. Diesem Erfordernis wird hier dadurch Rechnung getragen, daß dem Abgeordneten Schriftstücke zur Verfügung zu stellen sind, anhand derer sich zügig und nachhaltig belegen läßt, ob eine Belastung durch Mitarbeit beim Staatssicherheitsdienst besteht oder nicht.

Damit entspricht auch die Ausgestaltung und Durchführung des Überprüfungsverfahrens den verfassungsrechtlichen Anforderungen[12].

cc) Ergebnis

Das Verfahren nach § 44 b AbgG ist insgesamt rechtmäßig.

b) Verfassungsmäßigkeit der Einzelfallentscheidung

Da bei G konkrete Verdachtsmomente für eine Stasi-Mitarbeit vorliegen, ist ein öffentliches Untersuchungsinteresse gegeben. Deshalb ist auch der Beschluß, G auf eine entsprechende Tätigkeit hin zu überprüfen, nach obigen Grundsätzen verfassungsrechtlich gerechtfertigt.

---

[12] Hier konnten Sie Ihr argumentatives Geschick unter Beweis stellen. Das Ergebnis war insoweit keineswegs vorgezeichnet, und es konnte auch eine andere Auffassung mit entsprechender Begründung gut vertreten werden.

4. Ergebnis

Der Abgeordnetenstatus des G nach Art. 38 I, 2 GG wird durch den Beschluß des Ausschusses nicht verletzt.

III. Ergebnis

Der Antrag des G ist zulässig, aber unbegründet. Er hat keine Aussicht auf Erfolg.

H. Sieg der Abgabengerechtigkeit[1]

Sachverhalt

Im Bundesland X wird in Presseberichten die Behauptung aufgestellt, zahlreichen Gewerbebetrieben und Industrieunternehmen sei es gelungen, durch falsche Angaben über die maßgeblichen Bezugsgrößen Kommunalabgaben in großem Umfang zu hinterziehen. Hierdurch würden die von chronischer Finanznot geplagten Gemeinden noch weiter in den Ruin getrieben. Nachforschungen der zuständigen Behörden ergaben, daß jedenfalls in Einzelfällen infolge unrichtiger Angaben der Betriebsinhaber die Müllabfuhrgebühren zu niedrig festgesetzt wurden. Um der Abgabengerechtigkeit zum Siege zu verhelfen, beschließt der Landtag des Landes X nach ordnungsgemäßem Gesetzgebungsverfahren, folgende Vorschrift in das Kommunalabgabengesetz (KAG) einzufügen:

„§ X (Ermittlungsrechte) Soweit dies zur Ermittlung der Abgabenschuld erforderlich ist, sind die mit der Augenscheinseinnahme betrauten Amtsträger berechtigt, Betriebsgrundstücke, Betriebsräume und sonstige Betriebseinrichtungen während der üblichen Geschäfts- und Arbeitszeit auch gegen den Willen des Inhabers zu betreten. Dies gilt auch dann, wenn die Betriebsgrundstücke, Betriebsräume und Betriebseinrichtungen Betriebsfremden und unbefugten Betriebsangehörigen nicht zugänglich sind."

Nach Inkrafttreten des Gesetzes läßt die XY-AG durch ihre gesetzlichen Vertreter beim Bundesverfassungsgericht den Antrag stellen, § X für verfassungswidrig und nichtig zu erklären, da ihre Grundrechte aus Art. 2 I, 10, 12, 13 und 14 GG verletzt seien. Wird der Antrag Erfolg haben?

Bearbeitervermerk: Im Falle der Unzulässigkeit des Antrags ist ein Hilfsgutachten zu erstellen.

Fallösung[2]

Die XY-AG begehrt die Feststellung der Verfassungswidrigkeit des § X KAG mit der Begründung, in Grundrechten verletzt zu sein. Daher kommt als Rechtsbehelf allein die Verfassungsbeschwerde gemäß Art. 93 I Nr. 4 a GG i.V.m. §§ 13 Nr. 8 a, 90 ff. BVerfGG in Betracht. Dieser Rechtsbehelf hat Erfolg, wenn er zulässig und begründet ist.

[1] Dieser Fall wurde im Rahmen der Anfängerübung im SS 1990 als Klausur gestellt. Er ist an die Entscheidung BVerfGE 32, 54 angelehnt.
[2] Anhand des folgenden Gutachtens sollen noch einmal die Gutachten- und Subsumtionstechnik sowie die Darstellung umstrittener Rechtsfragen vorgeführt werden.

I. Zulässigkeit

Die Zulässigkeit der von der XY-AG erhobenen Verfassungsbeschwerde setzt voraus, daß die Sachentscheidungsvoraussetzungen in §§ 23, 90 ff. BVerfGG erfüllt sind[3].

1. Ordnungsmäßigkeit der Beschwerde

Da entgegenstehende Anhaltspunkte nicht vorliegen, ist davon auszugehen, daß die XY-AG die Beschwerde ordnungsgemäß i.S.d. §§ 23 I, 92 BVerfGG erhoben hat.

2. Beteiligtenfähigkeit

Die XY-AG müßte fähig sein, Beteiligte in einem Verfassungsbeschwerdeverfahren zu sein. Gemäß § 90 I BVerfGG kann „jedermann"[4] Verfassungsbeschwerde erheben. Das ist derjenige, der Träger oder Inhaber des als verletzt gerügten Grundrechts oder grundrechtsgleichen Rechts ist[5]. Die XY-AG beruft sich auf einen Grundrechtsschutz aus Art. 2 I, 10, 12, 13 und 14 GG. Es handelt sich bei der Beschwerdeführerin nicht um eine natürliche Person. Deshalb richtet sich die Beantwortung der Frage, ob sie Trägerin der genannten Grundrechte ist, nach Art. 19 III GG. Danach gelten die Grundrechte auch für inländische juristische Personen, soweit sie wesensmäßig auf sie anwendbar sind[6]. Bei der XY-AG handelt es sich um eine juristische Person des Privatrechts. Die wesensmäßige Anwendbarkeit der von ihr vorgebrachten Grundrechte richtet sich danach, ob diese nicht nur individuell, sondern auch korporativ ausgeübt werden können[7]. Hinsichtlich des Grundrechtsschutzes aus Art. 2 I GG kommt es darauf an, ob die jeweilige konkrete Erscheinungsform der allgemeinen Handlungsfreiheit diese Voraussetzung erfüllt. Die XY-AG beruft sich auf die Freiheit, sich wirtschaftlich zu betätigen. Dieser Freiheitsbereich kann im o. g. Sinn korporativ wahrgenommen werden. Art. 2 I GG ist daher wesensmäßig auf die Beschwerdeführerin anwendbar[8]. Die XY-AG kann ebenso wie eine natürliche Person am Post- und Fernmeldeverkehr teilnehmen. Daher ist auch das von ihr als verletzt gerügte Grundrecht aus Art. 10 I GG wesensmäßig auf sie anwendbar. Die Beschwerdeführerin ist als AG in der Lage, eine wirtschaftliche Tätigkeit auszuüben, die bei natürlichen Personen als Beruf angesehen wird, wenn bestimmte sonstige rechtliche Merkmale vorliegen. Auch Erscheinungsformen des beruflichen Lebens, z.B. die Berufsaufgabe,

---

[3] *Obersatz:* Sie benennen die Bedingungen, unter denen eine bestimmte Rechtsfolge, hier die Zulässigkeit der Verfassungsbeschwerde, eintritt.
[4] *Tatbestandsmerkmal.*
[5] *Definition.*
[6] *Definitionsmerkmal.*
[7] *Definition des Begriffs der wesensmäßigen Anwendbarkeit.*
[8] *Subsumtion.*

können bei ihr gegeben sein[9]. Die XY-AG ist deshalb auch Trägerin des Grundrechts aus Art. 12 I GG. Sie kann darüber hinaus auch Inhaberin von Wohn- und Geschäftsräumen sein sowie Vermögenspositionen innehaben. Infolgedessen ist auch die wesensmäßige Anwendbarkeit der Grundrechte aus Art. 13 I und 14 I GG zu bejahen. Die Voraussetzungen des Art. 19 III GG sind damit erfüllt, so daß die XY-AG Trägerin der von ihr geltend gemachten Grundrechte[10] und deshalb auch beteiligtenfähig i. S. d. § 90 I BVerfGG ist[11].

3. Prozeßfähigkeit

Die Beschwerdeführerin ist fähig, Prozeßhandlungen selbst bzw. durch einen Vertreter vorzunehmen. Ihre Prozeßfähigkeit ist aus diesem Grund gegeben.

4. Beschwerdegegenstand

Gemäß § 90 I BVerfGG müßte sich die Verfassungsbeschwerde gegen einen Akt der öffentlichen Gewalt richten[12]. Wie sich aus Art. 1 III, 20 II GG sowie aus §§ 93 III, 94 III, 95 BVerfGG ergibt, sind unter dem Begriff öffentliche Gewalt die Gesetzgebung, die vollziehende Gewalt und die Rechtsprechung zu verstehen[13]. Die XY-AG wendet sich mit ihrer Verfassungsbeschwerde gegen § X KAG, der als Akt der Gesetzgebung[14] ohne weiteres ein solcher der öffentlichen Gewalt ist[15].

5. Beschwerdebefugnis

Die XY-AG müßte geltend machen, in einem ihrer Grundrechte verletzt zu sein (§ 90 I BVerfGG). Dazu reicht es aus, wenn sich aus ihrem Vorbringen mit hinreichender Deutlichkeit die Möglichkeit einer Grundrechtsverletzung durch den bezeichneten Hoheitsakt ergibt[16]. § X KAG ermächtigt die zuständige Behörde, auch gegen den Willen des Inhabers Ermittlungen auf Betriebsgrundstücken, in Betriebsräumen und sonstigen Einrichtungen durchzuführen, und betrifft damit die von der XY-AG als verletzt gerügten Freiheitsbereiche.

Gleichwohl wäre die Befugnis zu verneinen, wenn die XY-AG durch das Gesetz nicht selbst, gegenwärtig und unmittelbar betroffen wäre. Eine eigene

---

[9] Die wesensmäßige Anwendbarkeit des Art. 12 I GG auf juristische Personen ist nicht zweifelsfrei geklärt, wenngleich sie überwiegend bejaht wird. Sie könnten daher auch das gegenteilige Ergebnis begründen. Als Argument ließe sich dabei anführen, daß in dem Begriff „Beruf" ein persönliches Moment enthalten ist, das nur natürlichen Personen zukomme, vgl. Gubelt, in: v. Münch, Grundgesetz Bd. 1, 4. Aufl. 1992, Art. 12 Rn. 6.
[10] *Subsumtion.*
[11] *Ergebnis.*
[12] *Tatbestandsmerkmal.*
[13] *Definition.*
[14] *Subsumtion.*
[15] *Ergebnis.*
[16] Sog. Möglichkeitsformel.

Beschwer i. S. einer „Selbstbetroffenheit" der XY-AG läge dann vor, wenn sie Adressatin des Aktes der öffentlichen Gewalt wäre. Das in § X KAG enthaltene Ermittlungsrecht richtet sich gegen Betriebe, also auch gegen die Beschwerdeführerin. Eine eigene Beschwer ist daher gegeben. Die XY-AG müßte durch das Gesetz auch gegenwärtig betroffen sein. Dies setzt eine aktuelle Betroffenheit voraus, die bei Gesetzen regelmäßig nach Inkrafttreten besteht. Das KAG ist in Kraft getreten, so daß die XY-AG gegenwärtig betroffen ist. Die schließlich erforderliche Unmittelbarkeit der Beschwer liegt dann vor, wenn die gesetzliche Regelung keines weiteren Vollzugsaktes mehr bedarf, oder wenn ausnahmsweise dem Betroffenen nicht zugemutet werden kann, den Vollzugsakt abzuwarten[17]. § X KAG verpflichtet die Beschwerdeführerin, Ermittlungen der bezeichneten Art zu dulden. Diese Duldungspflicht bedarf keines weiteren Vollzugsaktes und besteht daher unmittelbar kraft Gesetzes[18]. Die Unmittelbarkeit ist daher zu bejahen. Die XY-AG ist durch das Gesetz also auch selbst, gegenwärtig und unmittelbar betroffen.

Sie ist damit beschwerdebefugt i. S. d. § 90 I BVerfGG.

6. Rechtswegerschöpfung

Gemäß § 90 II, 1 BVerfGG kann die Verfassungsbeschwerde, soweit gegen den Akt der öffentlichen Gewalt der Rechtsweg zulässig ist, erst nach Erschöpfung dieses Rechtswegs erhoben werden. Wie sich aus § 93 II BVerfGG ergibt, steht gegen Gesetze ein Rechtsweg nicht offen, so daß hier den Anforderungen des § 90 II, 1 BVerfGG genügt ist.

7. Frist

Gemäß § 93 II BVerfGG muß die Verfassungsbeschwerde gegen ein Gesetz binnen eines Jahres seit dem Inkrafttreten erhoben werden. Mangels entgegenstehender Hinweise im Sachverhalt ist von einer Wahrung dieser Frist auszugehen.

---

[17] Das ist z. B. bei Vorschriften des Straf- oder Ordnungswidrigkeitenrechts der Fall.

[18] Ob eine Norm den Beschwerdeführer unmittelbar betrifft oder nicht, kann nur anhand des Einzelfalls beurteilt werden. Insoweit ist Spielraum für eigene Argumentation. Typischerweise wirken solche Gesetze unmittelbar, die eine Unterlassungspflicht bzw. ein Verbot begründen, beispielsweise das gesetzliche Verbot, künftig einen bestimmten Beruf ohne Zulassung auszuüben. Ein typisches Beispiel für das Fehlen der Unmittelbarkeit ist dagegen ein Abgabengesetz, das noch durch einen Gebühren- oder Beitragsbescheid vollzogen werden muß. § X KAG läßt sich einwandfrei keiner dieser typischen Fallgestaltungen zuordnen. Immerhin könnte man vertreten, daß allein eine abstrakte Duldungspflicht nicht imstande ist, in Art. 13 I GG einzugreifen, sondern nur eine Ermittlung selbst. In diesem Sinne könnte man auch die zugrunde liegende Entscheidung BVerfGE 32, 54, 62 f., verstehen, wo neben der Duldungspflicht auch auf die Unzumutbarkeit hingewiesen wird, durch Verweigerung der Ermittlung einen Ordnungswidrigkeitentatbestand zu erfüllen, und dann etwa gegen den Bußgeldbescheid vorzugehen.

8. Ergebnis

Die Sachentscheidungsvoraussetzungen sind erfüllt[19]. Damit ist die Verfassungsbeschwerde der XY-AG zulässig[20].

II. Begründetheit

Die Verfassungsbeschwerde der XY-AG ist begründet, wenn die Beschwerdeführerin in einem ihrer Grundrechte verletzt ist[21].

1. Verletzung von Art. 13 I GG

§ X KAG könnte dadurch, daß er zum Betreten bestimmter Räume ermächtigt, das Grundrecht der XY-AG aus Art. 13 I GG verletzen. Er müßte dann einen rechtswidrigen Eingriff in den Schutzbereich dieses Grundrechts darstellen.

a) Schutzbereich

Der Schutzbereich des Art. 13 I GG ist dann betroffen, wenn die von den Ermittlungen erfaßten Betriebsgrundstücke, Betriebsräume und sonstigen Betriebseinrichtungen dem Begriff Wohnung[22] in Art. 13 I GG unterfallen. Unter einer Wohnung versteht man nach dem Wortlaut des Art. 13 I GG einen Raum, der zum Aufenthalt und Wirken von Menschen bestimmt ist. Diese Anforderungen würden auch Betriebs- und Geschäftsräume ohne weiteres erfüllen.

Der Sinn und Zweck der Vorschrift besteht jedoch darin, dem Einzelnen einen elementaren Lebensraum, d.h. das Recht, „in Ruhe gelassen zu werden", zu gewährleisten. Auf dieser Grundlage könnte man vertreten, daß Betriebs- und Geschäftsräume von vornherein nicht als Wohnung angesehen werden können[23].

Dagegen spricht[24], daß Art. 13 I GG in engem Zusammenhang mit der freien Entfaltung der Persönlichkeit steht. Die in Art. 12 und 14 GG zum Ausdruck kommende Bedeutung, die Arbeit, Beruf und Gewerbe für die menschliche Selbstverwirklichung haben, würde verkannt, wenn man Betriebs- und Geschäftsräume von vornherein aus dem Schutzbereich des Art. 13 I GG ausschlösse[25].

---

[19] *Untersatz:* Sie stellen fest, daß die Bedingungen, von denen die Zulässigkeit der Verfassungsbeschwerde abhängt, im Sachverhalt erfüllt sind.
[20] *Schlußfolgerung:* Sie schließen von den (erfüllten) Voraussetzungen auf die Rechtsfolge.
[21] *Obersatz.*
[22] *Tatbestandsmerkmal.*
[23] *Bearbeitung des Falles bis zum Problem und Nennung des Problems.* Die Konsequenzen der Lösungsmöglichkeit sind so offensichtlich, daß Sie hier auf eine breitere Darstellung derselben verzichten können: Entweder fallen Betriebs- und Geschäftsräume unter den Begriff Wohnung oder nicht. Das Problem ist entscheidungserheblich, so daß eine Auseinandersetzung erfolgen muß (zum Problem Jarass/Pieroth, GG, 4. Aufl. 1997, Art. 13 Rn. 2).
[24] *Argumentation.*
[25] *Ergebnis.*

Man könnte jedoch vertreten, daß Betriebs- und Geschäftsräume dann nicht von Art. 13 I GG geschützt werden, wenn der Inhaber sie der Öffentlichkeit zugänglich gemacht hat[26]. Das hätte zur Folge, daß sich die XY-AG gegenüber einer Ermittlung in solchen Räumen nicht auf einen Grundrechtsschutz aus Art. 13 I GG berufen könnte[27]. Dabei ist jedoch zu berücksichtigen, daß gemäß § X, 2 KAG die zuständige Behörde auch in solchen Räumen ermitteln darf, die Betriebsfremden und unbefugten Betriebsangehörigen nicht zugänglich sind. Diese Räume würden auch nach der engen Auslegung des Begriffs Wohnung Grundrechtsschutz nach Art. 13 I GG genießen. Der Schutzbereich wäre damit betroffen. Verzichtete man darauf, den Grundrechtsschutz nach Betriebs- und Geschäftsräumen, die der Öffentlichkeit zugänglich sind, und solchen, die allein vom Inhaber genutzt werden, zu differenzieren[28], käme man ebenfalls zu dem Ergebnis, daß es sich bei den betreffenden Räumen der XY-AG um eine Wohnung i. S. d. Art. 13 I GG handelt[29]. Sowohl bei der engen, als auch bei einer weiten Auslegung des Begriffs ist im vorliegenden Fall der Schutzbereich des Grundrechts betroffen[30].

b) Eingriff

§ X KAG müßte einen Eingriff in den Schutzbereich darstellen. Ein Eingriff liegt dann vor, wenn der Schutzbereich eines Grundrechts nachteilig betroffen ist. § X KAG ermächtigt die zuständige Behörde, die Ermittlung auch gegen den Willen des Berechtigten durchzuführen. Ein Eingriff ist daher zu bejahen.

c) Verfassungsrechtliche Rechtfertigung

Der Eingriff des § X KAG in den Schutzbereich des Art. 13 I GG könnte verfassungsrechtlich gerechtfertigt sein. Das wäre dann der Fall, wenn es sich bei § X KAG um eine rechtmäßige Grundrechtsschranke handeln würde[31], die Vorschrift also den besonderen Anforderungen des einschlägigen Schrankenvorbehaltes genügen würde sowie formell und materiell rechtmäßig wäre.

aa) Besondere Schrankenanforderungen

Die besonderen Anforderungen, die Art. 13 GG an eine Beschränkung des Schutzbereiches stellt, richten sich danach, ob das Gesetz nur zum Betreten

---

[26] *Nennung des zweiten Problems.*
[27] *Konsequenz dieser Lösungsmöglichkeit für die Fallösung.*
[28] *Darstellung der zweiten Lösungsmöglichkeit*, den Schutzbereich weit zu fassen.
[29] *Relevanzprüfung.*
[30] *Ergebnis der Relevanzprüfung.* Eine Entscheidung der Problematik ist nicht nötig.
[31] Im vorliegenden Fall besteht die Besonderheit, daß der Eingriff in der Grundrechtsschranke selbst liegt und nicht in einem auf der Grundrechtsschranke beruhenden Einzelakt. Daher ist im Rahmen der verfassungsrechtlichen Rechtfertigung nur die Verfassungsmäßigkeit des Gesetzes zu prüfen.

und Besichtigen der Räumlichkeiten ermächtigt oder auch zu deren Durchsuchung[32].

Unter einer Durchsuchung versteht man das ziel- und zweckgerichtete Suchen staatlicher Organe nach Personen, Sachen oder Spuren. Dabei muß die Ziel- und Zwecksetzung gerade darin bestehen, etwas nicht offen zutage Liegendes, eventuell Verborgenes zu entdecken. Diese besondere Zielrichtung ist bei einer bloßen Besichtigung nicht gegeben[33]. Nach seinem Wortlaut ermächtigt § X, 1 KAG die zuständige Behörde nur, die betreffenden Räume zu betreten. Von einem darüber hinausgehenden Recht, auch Durchsuchungen vorzunehmen, ist keine Rede. Der Wortlaut der Vorschrift spricht daher gegen eine Durchsuchungsermächtigung im o. g. Sinn. Wie sich ebenfalls aus dem Wortlaut ergibt, besteht der Zweck des § X KAG darin, die Abgabenschuld des betreffenden Betriebes zu ermitteln bzw. die Angaben der Betriebsinhaber zu überprüfen. Dieser Zweck wird am effektivsten gefördert, wenn die Behörde auch ein über das Betreten hinausgehendes Durchsuchungsrecht hat. Sinn und Zweck der Vorschrift sprechen daher für eine Durchsuchungsermächtigung. Bei der Beantwortung der Frage, welchem Auslegungsergebnis der Vorrang gebührt, muß im Sinne einer verfassungskonformen Auslegung berücksichtigt werden, welche Auswirkungen die Auslegungen auf die Verfassungsmäßigkeit des § X KAG haben[34]. Die Interpretation der Vorschrift als Durchsuchungsermächtigung hätte zur Folge, daß die Anforderungen des Art. 13 II GG erfüllt sein müßten, was offensichtlich nicht der Fall ist. Bei dieser Auslegung wäre daher das Gesetz von vornherein verfassungswidrig. Dieses Ergebnis ließe sich allenfalls dann vermeiden, wenn man der restriktiven, streng am Wortlaut orientierten Auslegung den Vorzug gäbe und die Ermächtigung nur auf das Betreten und Besichtigen der Räume beschränken würde[35]. Dieser engen Auslegung ist daher zu folgen, so daß sich die besonderen Rechtmäßigkeitsanforderungen an § X KAG nach dem Schrankenvorbehalt in Art. 13 VII GG richten[36].

---

[32] Für die Durchsuchung stellt Art. 13 II GG weitergehende Anforderungen auf als bei Eingriffen und Beschränkungen sonstiger Art, die keiner richterlichen Anordnung o. ä. bedürfen, sondern aufgrund eines Gesetzes zulässig sind, wenn dies zur Verhütung dringender Gefahren für die öffentliche Sicherheit und Ordnung geschieht (vgl. Jarass/Pieroth, GG, 4. Aufl. 1997, Art. 13 Rn. 6 f.). – An dieser Stelle lag ein Schwerpunkt der Klausur.
[33] Sie müssen an dieser Stelle den Inhalt der Vorschrift ermitteln. Dies geschieht durch Auslegung.
[34] Verfassungskonforme Auslegung bedeutet, daß von mehreren möglichen Auslegungen diejenige den Vorrang verdient, die einer Wertentscheidung der Verfassung besser entspricht. Einer Auslegung, die zur Verfassungswidrigkeit einer Vorschrift führt, ist daher nicht zu folgen, wenn sich dieses Ergebnis nach anderen Auslegungsmethoden vermeiden ließe (dazu Pieroth/Schlink, Grundrechte Staatsrecht II, 14. Aufl. 1998, Rn. 77 f.).
[35] Damit ist natürlich nicht gesagt, daß die Vorschrift nicht aus anderen Gründen, etwa wegen formeller Mängel, verfassungswidrig ist.
[36] An dieser Stelle ist auch die weite Auslegung vertretbar. Sie müßten dann Ihren Argumentationsschwerpunkt auf Sinn und Zweck des § X KAG legen und kämen zu dem Ergebnis, daß die Eingriffsvoraussetzungen des Art. 13 II GG maßgeblich sind. Da die dort genannten strengen Voraussetzungen hier nicht erfüllt sind, könnten sie einen Verstoß des § X KAG gegen Art. 13 I GG schnell bejahen und wären mit der Prüfung dieses Grundrechts am Ende.

Danach ist erforderlich, daß der Eingriff zur Verhütung einer dringenden Gefahr für die öffentliche Sicherheit und Ordnung normiert wurde. Unter dem Begriff öffentliche Sicherheit versteht man die Gesamtheit aller Rechtsnormen sowie den Schutz des Staates und seiner Einrichtungen. Auch die Wahrung der Vorschriften des kommunalen Abgabenrechts gehört damit zum Bereich der öffentlichen Sicherheit. Eine Gefahr für dieses Schutzgut liegt dann vor, wenn der Eintritt eines Schadens, hier des Verstoßes gegen abgabenrechtliche Vorschriften, zu befürchten ist. Im vorliegenden Fall haben Nachforschungen ergeben, daß in Einzelfällen infolge unrichtiger Angaben der Betriebsinhaber die Müllabfuhrgebühren zu niedrig festgesetzt wurden. Die Gefahr eines Verstoßes gegen ein Schutzgut der öffentlichen Sicherheit hat sich damit bereits realisiert. Fraglich ist, ob es sich bei dieser Gefahr um eine dringende i.S.d. Art. 13 VII GG handelt. Dringend ist eine Gefahr dann, wenn nicht nur die entfernte Möglichkeit ihres Eintritts, sondern aufgrund objektiver Tatsachen die Wahrscheinlichkeit besteht, daß sich ohne Eingreifen der Behörden die Störung schon in nächster Zeit verwirklichen wird. Das ist hier der Fall. Damit sind die besonderen Rechtmäßigkeitsanforderungen des Art. 13 VII GG durch § X KAG erfüllt.

bb) Formelle Rechtmäßigkeit

§ X wurde nach ordnungsgemäßem Gesetzgebungsverfahren in das KAG eingefügt und ist daher formell rechtmäßig.

cc) Materielle Rechtmäßigkeit

§ X KAG wäre in materieller Hinsicht verfassungswidrig, wenn ein Verstoß gegen das Zitiergebot in Art. 19 I, 2 GG vorläge. Dieses ist immer dann zu beachten, wenn eine echte Grundrechtseinschränkung vorliegt. Es gilt nicht, wenn das betreffende Gesetz lediglich eine vom Grundrecht selbst vorgesehene Bestimmung seines materiellen Inhaltes vornimmt. Art. 13 GG sieht keine Möglichkeit einer gesetzlichen Inhaltsbestimmung vor. Bei § X KAG handelt es sich demgemäß um eine echte Grundrechtseinschränkung. Die Vorschrift unterliegt daher dem Zitiergebot des Art. 19 I, 2 GG. Da dieses nicht beachtet wurde, ist X KAG materiell verfassungswidrig.

d) Ergebnis

§ X KAG verletzt die XY-AG in ihrem Grundrecht aus Art. 13 I GG.

2. Verletzung von Art. 14 I GG

§ X KAG könnte die XY-AG in ihrem Grundrecht aus Art. 14 I GG verletzen. Erforderlich wäre dafür ein rechtswidriger Eingriff in den Schutzbereich dieses Grundrechts.

a) Schutzbereich

Der Schutzbereich des Art. 14 I GG wäre betroffen, wenn Gegenstand der Regelung in § X KAG das Eigentum der XY-AG wäre. Unter dem Begriff Eigentum versteht man die Gesamtheit aller vermögenswerten Rechte. Als solches von § X KAG betroffenes Recht kommt hier allenfalls das Hausrecht der XY-AG in Frage. Dem Hausrecht kommt jedoch ein Vermögenswert nicht zu. Es ist daher kein Bestandteil des durch Art. 14 I GG geschützten Eigentums, so daß der Schutzbereich dieses Grundrechts von § X KAG nicht betroffen ist.

b) Ergebnis

§ X KAG verletzt die XY-AG nicht in ihrem Grundrecht aus Art. 14 I GG.

3. Verletzung von Art. 12 I GG

§ X KAG könnte das Grundrecht der XY-AG aus Art. 12 I GG verletzen. Dann müßte zunächst der Schutzbereich des Grundrechts betroffen sein. Art. 12 I GG schützt die Berufswahl und die Berufsausübung. § X KAG ermächtigt lediglich zum Betreten und Besichtigen der betreffenden Betriebseinrichtungen. Er hat damit weder auf die Berufswahl noch auf die Berufsausübung der XY-AG wenigstens mittelbare Auswirkungen von einigem Gewicht. Folglich ist schon der Schutzbereich von Art. 12 I GG nicht betroffen. § X KAG verletzt deshalb nicht das Grundrecht der Beschwerdeführerin aus Art. 12 I GG.

4. Verletzung von Art. 10 I GG

Die XY-AG rügt eine Verletzung ihres Grundrechts aus Art. 10 I GG. Voraussetzung für eine Verletzung ist zunächst die Betroffenheit des Schutzbereichs. Hier kommt allenfalls eine Betroffenheit des Briefgeheimnisses in Betracht. Dieses schützt den Briefverkehr außerhalb des Postbereichs dagegen, daß die öffentliche Gewalt von dem Inhalt eines Briefes Kenntnis nimmt. Nach dem bereits dargelegten Umfang der Ermächtigung in § X KAG ist eine solche Kenntnisnahme gegen den Willen des Betriebsinhabers ausgeschlossen. Der Schutzbereich des Grundrechts ist daher nicht berührt. § X KAG verletzt deshalb die XY-AG auch nicht in ihrem Grundrecht aus Art. 10 I GG.

5. Verletzung von Art. 2 I GG

Art. 2 I GG kann der Beschwerdeführerin keinen weiteren Schutz gewähren als die vorstehend genannten speziellen Freiheitsrechte. Diesen gegenüber Ist Art. 2 I GG subsidiär.

6. Ergebnis

Die XY-AG ist in ihrem Grundrecht aus Art. 13 I GG verletzt[37]. Die Verfassungsbeschwerde ist daher begründet[38].

III. Ergebnis

Die Verfassungsbeschwerde der XY-AG ist zulässig und begründet. Sie hat daher Erfolg.

---

[37] *Untersatz.*
[38] *Schlußfolgerung.* Blättern Sie dazu noch einmal zum Anfang der Begründetheit zurück.

I. Krieg ist kein Kinderspiel[1]

Sachverhalt

Der Bundestag hat mit der Mehrheit seiner Mitglieder und der erforderlichen Beteiligung des Bundesrates ein Gesetz über das Vertriebsverbot von Kriegsspielzeug beschlossen, dessen Bestimmungen folgenden Wortlaut haben:

„§ 1 Der Verkauf von Kriegsspielzeug im Einzelhandel ist in der Bundesrepublik verboten."

„§ 2 Kriegsspielzeug, das zum Zeitpunkt des Inkrafttretens des Gesetzes bereits hergestellt war, darf auf die Dauer von fünf Jahren weiter vertrieben werden."

Nachdem das Gesetz ordnungsgemäß ausgefertigt und verkündet wurde, ist es am 1. 5. 1990 in Kraft getreten.

Es geht auf eine Initiative des Kinderschutzbundes zurück, der aufgrund von Langzeitstudien festgestellt hat, daß sich die Verharmlosung und Verherrlichung von Gewalt negativ auf das kindliche Aggressionsverhalten auswirken kann. Ein gesetzliches Verbot wurde für notwendig erachtet, da Appelle an den Handel, sich beim Vertrieb von gewaltverherrlichendem Spielzeug eine freiwillige Selbstbeschränkung aufzuerlegen, fehlschlugen.

Die W-GmbH hat sich auf die Herstellung von Spielzeugpanzern und anderen Waffengattungen des 1. und 2. Weltkrieges sowie auf die Produktion von Plastiksoldaten der unterschiedlichsten Epochen und Plastikindianern und -cowboys spezialisiert. Sie befürchtet, daß sie gezwungen ist, ihren Betrieb zumindest teilweise einzustellen. Zudem bezweifelt sie, daß eine derartige Beschränkung ihrer Tätigkeit verfassungsmäßig ist und möchte gegen das Gesetz vorgehen.

Die W-GmbH legt dagegen Verfassungsbeschwerde ein. Die Bundesregierung führt in ihrer Stellungnahme u. a. an, daß die W-GmbH nicht betroffen sei, da die Herstellung von Kriegsspielzeug nicht verboten wurde. Zudem könne sie ihre Produktion auf andere Spielzeugarten umstellen.

---

[1]   Auch dieser Fall, der im Rahmen der Anfängerübung im WS 1990/91 als Klausur gestellt wurde, ist kein Kinderspiel. Obwohl der Sachverhalt sehr eingängig ist und der Prüfungsumfang auf den auch dem Anfänger geläufigen Art. 12 GG beschränkt wurde, ergeben sich besondere Probleme daraus, daß die Beschwerdeführerin nicht Adressatin des Gesetzes ist und deshalb allenfalls mittelbar betroffen sein kann. Diese Besonderheit, auf die am Ende des Sachverhalts in der Stellungnahme der Bundesregierung aufmerksam gemacht wird, erlangt bei der Beschwerdebefugnis (Selbstbetroffenheit) und bei der Prüfung eines Eingriffs in Art. 12 I GG Bedeutung. Dem Sachverhalt folgen zwei Fallösungen. Während es sich bei der ersten um eine korrekte Fallösung handelt, stellt die zweite ein Beispiel für ein mißlungenes Gutachten dar. Die Gegenüberstellung beider Fallösungen ermöglicht es Ihnen, häufig wiederkehrende Fehler zu erkennen und möglichst zu vermeiden. Lesen Sie bitte bei der zweiten Fallösung die umfangreichen Anmerkungen in den Fußnoten.

Bearbeitervermerk: Im Rahmen der Begründetheit ist lediglich Art. 12 GG zu prüfen.

Erste Fallösung

Die Verfassungsbeschwerde der W-GmbH hat Aussicht auf Erfolg, wenn sie zulässig und begründet ist.

I. Zulässigkeit

Die Verfassungsbeschwerde ist zulässig, wenn die in §§ 23, 90 ff. BVerfGG enthaltenen Sachentscheidungsvoraussetzungen vorliegen.

1. Ordnungsmäßigkeit der Beschwerde

Es ist davon auszugehen, daß die W-GmbH die Verfassungsbeschwerde unter Beachtung der in den §§ 23 I, 92 BVerfGG vorgeschriebenen Anforderungen erhoben hat.

2. Beteiligtenfähigkeit

Die Beschwerdeführerin müßte beteiligtenfähig sein. Gemäß § 90 I BVerfGG erfüllt diese Voraussetzung „jedermann", d. h. derjenige, der Träger des als verletzt gerügten Grundrechts oder grundrechtsgleichen Rechts ist. Da es sich bei der W-GmbH um eine Personenmehrheit handelt, richtet sich ihre Grundrechtsfähigkeit im o. g. Sinn nach Art. 19 III GG. Danach gelten die Grundrechte auch für inländische juristische Personen, soweit sie wesensmäßig auf sie anwendbar sind. Die W-GmbH ist eine inländische juristische Person des Privatrechts. Sie rügt sachlich jedenfalls eine Verletzung von Art. 12 I GG. Dieses Grundrecht ist dann wesensmäßig auf sie anwendbar, wenn es nicht nur individuell, sondern auch korporativ ausgeübt werden kann. Die Beschwerdeführerin ist in der Lage, eine wirtschaftliche Tätigkeit auszuüben, die bei natürlichen Personen als Beruf angesehen wird. Auch Erscheinungsformen des beruflichen Lebens, z. B. die Berufsaufgabe, können bei ihr gegeben sein. Daher ist Art. 12 I GG wesensmäßig auf die W-GmbH anwendbar, die Voraussetzungen des Art. 19 III GG liegen mithin vor. Die W-GmbH ist folglich beteiligtenfähig i. S. d. § 90 I BVerfGG.

3. Prozeßfähigkeit

Die Beschwerdeführerin ist fähig, Prozeßhandlungen durch einen Vertreter vorzunehmen, § 35 I GmbHG. Sie ist aus diesem Grund auch prozeßfähig.

4. Beschwerdegegenstand

Gemäß § 90 I BVerfGG müßte sich die Verfassungsbeschwerde gegen einen Akt der öffentlichen Gewalt richten. Man versteht darunter Akte der Gesetzgebung, der vollziehenden Gewalt und der Rechtsprechung (Art. 1 III, 20 III GG; §§ 93 III, 94 III, 95 BVerfGG). Die W-GmbH wendet sich gegen die §§ 1 und 2 des Kriegsspielzeuggesetzes, das als Akt der Gesetzgebung ein solcher der öffentlichen Gewalt ist. Ein tauglicher Beschwerdegegenstand liegt daher vor.

5. Beschwerdebefugnis

Gemäß § 90 I BVerfGG müßte die W-GmbH ferner behaupten, in einem ihrer Grundrechte oder grundrechtsgleichen Rechte verletzt zu sein. Entgegen dem Wortlaut dieser Vorschrift genügt jedoch die bloße Behauptung für die Beschwerdebefugnis noch nicht[2]. Vielmehr ist dazu erforderlich, daß sich aus dem Vortrag des Beschwerdeführers objektiv die Möglichkeit einer Verletzung ergibt. Das Gesetz verbietet den Verkauf von Kriegsspielzeug im Einzelhandel und reduziert damit automatisch die Absatzmöglichkeiten für die Kriegsspielzeughersteller, die nach Inkrafttreten des Gesetzes ihre Produkte allenfalls noch im Ausland vertreiben können. Das Gesetz hat damit Auswirkungen auf den Freiheitsbereich, den die W-GmbH wahrnimmt. Daß diese Auswirkungen die Intensität eines Eingriffs erreichen und rechtswidrig sind, erscheint nach dem Sachvortrag auch nicht offensichtlich ausgeschlossen. Die Möglichkeit einer Grundrechtsverletzung ist folglich gegeben.

Darüber hinaus müßte die W-GmbH durch das Gesetz selbst, gegenwärtig und unmittelbar betroffen sein. Eine Selbstbetroffenheit der W-GmbH läge jedenfalls dann vor, wenn sie zu dem Adressatenkreis des Gesetzes zählen würde. Das ist hier nicht der Fall, da das Kriegsspielzeuggesetz ausschließlich an die Einzelhändler gerichtet ist. Ausnahmsweise ist jedoch auch ein Nichtadressat selbst betroffen, wenn er zwangsläufig einer Drittwirkung des Hoheitsaktes ausgesetzt ist und zwischen seiner Rechtsposition und dem Akt eine hinreichend enge Beziehung besteht. Das in § 1 des Kriegsspielzeuggesetzes gegenüber dem Einzelhandel ausgesprochene Verkaufsverbot führt zwangsläufig dazu, daß die W-GmbH den Großteil potentieller Abnehmer verliert. Eine Drittwirkung der o. g. Art liegt daher vor. Zudem sind die Auswirkungen des Gesetzes auf die W-GmbH faktisch die gleichen wie für die Einzelhändler. Insoweit bedeutete es keinen Unterschied, ob das Gesetz erst den Verkauf durch die Einzelhändler oder schon die Herstellung verbieten würde. Eine hinreichend enge Beziehung zwischen dem Hoheitsakt und der Rechtsposition der

---

[2] Die Beschwerdebefugnis soll die Funktion erfüllen, Popularklagen auszuschließen. Dieses Ziel kann von vornherein nicht erreicht werden, wenn man die Behauptung einer Verletzung genügen läßt. Darüber hinaus wäre bei dieser Auslegung das Tatbestandsmerkmal in § 90 I BVerfGG überflüssig, da die schlichte Behauptung einer Verletzung bereits aus der gemäß §§ 23 I, 2, 92 BVerfGG erforderlichen Begründung des Antrags hervorgehen wird.

W-GmbH ist daher vorhanden. Die Beschwerdeführerin ist folglich selbst betroffen.

Das Kriegsspielzeuggesetz ist am 1. 5. 1990 in Kraft getreten. Deshalb ist die Beschwer der W-GmbH auch gegenwärtig.

Die schließlich erforderliche Unmittelbarkeit ist dann gegeben, wenn die gesetzliche Regelung keines Vollzugsaktes mehr bedarf. Das Kriegsspielzeuggesetz begründet in § 1 ein Verbot. Die Auswirkungen dieses an die Einzelhändler gerichteten Verbots betreffen die W-GmbH, ohne daß dazu ein weiterer Vollzugsakt erforderlich wäre[3]. Auch die Unmittelbarkeit der Beschwer liegt daher vor.

Also ist die W-GmbH aufgrund der objektiven Möglichkeit einer Grundrechtsverletzung sowie der eigenen, gegenwärtigen und unmittelbaren Beschwer auch beschwerdebefugt i. S. d. § 90 I BVerfGG.

6. Rechtswegerschöpfung

Gemäß § 90 II, 1 BVerfGG kann die Verfassungsbeschwerde, soweit gegen den Akt der öffentlichen Gewalt der Rechtsweg eröffnet ist, erst nach Erschöpfung dieses Rechtsweges erhoben werden. Nach § 93 III BVerfGG steht jedoch gegen Gesetze ein Rechtsweg nicht offen. Damit ist hier den Anforderungen des § 90 I, 1 BVerfGG genügt.

7. Frist

Nach § 93 III BVerfGG ist die Verfassungsbeschwerde gegen ein Gesetz binnen eines Jahres seit dem Inkrafttreten zu erheben. Das Kriegsspielzeuggesetz ist am 1. 5. 1990 in Kraft getreten. Daher hat die W-GmbH ihre Verfassungsbeschwerde fristgerecht erhoben[4].

8. Ergebnis

Die in den §§ 23, 90 ff. BVerfGG enthaltenen Sachentscheidungsvoraussetzungen sind erfüllt. Die Verfassungsbeschwerde der W-GmbH ist folglich zulässig.

---

[3] Auch an dieser Stelle ist von Bedeutung, daß die W-GmbH nicht zum Adressatenkreis des Gesetzes gehört. Da das Gesetz die Herstellung von Kriegsspielzeug nicht verbietet, kann bei der Unmittelbarkeit der Beschwer nicht auf das Verbot, sondern nur auf die Auswirkungen des Verbots abgestellt werden.
[4] Es wurde bei dieser Fallösung berücksichtigt, daß der Fall im WS 1990/91 zur Bearbeitung gestellt wurde. Würde Ihnen der Sachverhalt heute unterbreitet, müßten Sie zu dem Ergebnis kommen, daß die Verfassungsbeschwerde verfristet und damit unzulässig ist. Die Begründetheit wäre dann in einem Hilfsgutachten zu prüfen.

II. Begründetheit

Die Verfassungsbeschwerde der W-GmbH ist begründet, wenn die Beschwerdeführerin in einem ihrer Grundrechte verletzt ist[5].

1. Verletzung von Art. 12 I GG

Eine Verletzung der W-GmbH in ihrem Grundrecht aus Art. 12 I GG setzt einen rechtswidrigen Eingriff in den Schutzbereich dieses Grundrechts voraus.

a) Betroffenheit des Schutzbereichs

Der Schutzbereich des Art. 12 I GG wäre dann betroffen, wenn das Kriegsspielzeuggesetz Auswirkungen auf ein Verhalten hätte[6], das die Voraussetzungen eines Berufes i. S. d. Vorschrift erfüllt. Wie gezeigt, wirkt sich das Gesetz auf die Rentabilität der Kriegsspielzeugherstellung aus. Dabei handelt es sich um eine erlaubte und auf Dauer angelegte Tätigkeit, die der Schaffung und Erhaltung der Grundlage unternehmerischer Erwerbstätigkeit der W-GmbH dient, und damit um einen Beruf i. S. d. Art. 12 I GG. Der Schutzbereich des Art. 12 I GG ist folglich durch das Gesetz betroffen.

b) Eingriff

Das Kriegsspielzeuggesetz müßte in die von der Beschwerdeführerin wahrgenommene Berufsfreiheit eingreifen. Das wäre nicht schon dann der Fall, wenn die Regelung irgendwie geartete, entfernte nachteilige Folgen für die berufliche Tätigkeit der W-GmbH hätte, sondern erst dann, wenn eine subjektiv oder objektiv berufsregelnde Tendenz der Regelung nachgewiesen werden könnte. Das Kriegsspielzeuggesetz müßte also entweder gerade auf die Berufsregelung zielen oder, bei berufsneutraler Zielsetzung, unmittelbare Auswirkungen oder wenigstens mittelbare Auswirkungen von einigem Gewicht haben.

Gesetzgeberisches Ziel ist es, den Kontakt von Kindern mit gewaltverherrlichendem Spielzeug zu verhindern. Eine subjektiv berufsregelnde Tendenz ist der Regelung daher nicht eigen. Das Gesetz untersagt der W-GmbH auch nicht die Herstellung des genannten Spielzeugs. Indem es jedoch ein Verkaufsverbot für die Einzelhändler verhängt, entzieht es der Beschwerdeführerin bis dahin bestandene Absatzmöglichkeiten. Aus diesen Gründen können zwar keine unmittelbaren, wohl aber mittelbare nachteilige Auswirkungen des Gesetzes auf die Berufsfreiheit der W-GmbH festgestellt werden. Da sich das Unternehmen auf die Herstellung von Kriegsspielzeug i. S. d. § 1 des Gesetzes spezialisiert hat, ihre Produkte nach Inkrafttreten des Gesetzes aber allenfalls noch exportieren

---

[5] Zu beachten ist hier der Bearbeitervermerk am Ende des Sachverhalts, wonach lediglich Art. 12 GG geprüft werden muß.
[6] An dieser Stelle schreiben Sie im Regelfall: Der Schutzbereich ist betroffen, wenn das Gesetz ein Verhalten regelt, das ...". Hier mußte dagegen die Mittelbarkeit der Beziehung zwischen dem Gesetz und der W-GmbH berücksichtigt werden. Das Gesetz „regelt" ja nur ein Verhalten der Einzelhändler.

kann, muß es seine Produktion zum größten Teil, wenn nicht sogar vollständig einstellen. Die mittelbaren Auswirkungen des Gesetzes auf die Berufsfreiheit der W-GmbH sind daher auch von einigem Gewicht.

Das Kriegsspielzeuggesetz greift infolgedessen auch in die Berufsfreiheit der Beschwerdeführerin ein.

c) Verfassungsrechtliche Rechtfertigung

Gemäß Art. 12 I, 2 GG ist der Eingriff dann verfassungsrechtlich gerechtfertigt, wenn das den Eingriff begründende Kriegsspielzeuggesetz formell und materiell verfassungsmäßig ist[7].

aa) Formelle Verfassungsmäßigkeit

Das Gesetz ist formell verfassungsmäßig, wenn es vom gesetzgebungskompetenten Organ und unter Beachtung der grundgesetzlichen Verfahrens- und Formvorschriften erlassen wurde.

Die Gesetzgebungskompetenz des Bundes könnte sich aus Art. 74 I Nrn. 7 und 11 i.V.m. Art. 72 II GG ergeben. Gemäß Art. 74 I Nr. 7 GG hat der Bund die konkurrierende Gesetzgebungskompetenz auf dem Gebiet der öffentlichen Fürsorge. Diese umfaßt sowohl die Jugendfürsorge als auch den Jugendschutz. Das Kriegsspielzeuggesetz bezweckt den Schutz von Kindern vor gewaltverharmlosendem und -verherrlichendem Spielzeug und dient damit dem Anliegen des Jugendschutzes. Art. 74 I Nr. 7 GG ist daher einschlägig. Darüber hinaus könnte sich eine Gesetzgebungskompetenz aus Art. 74 I Nr. 11 GG für Regelungen des Rechts der Wirtschaft ergeben. Zum Recht der Wirtschaft gehören alle das wirtschaftliche Leben und die wirtschaftliche Betätigung regelnden Normen, vor allem solche, die sich in irgendeiner Form mit Erzeugung, Herstellung und Verteilung von Gütern des wirtschaftlichen Bedarfs befassen. Gegenstand des Kriegsspielzeuggesetzes ist der Verkauf von Gütern im Einzelhandel, also eine wirtschaftliche Betätigung. Die Voraussetzungen einer Gesetzgebungskompetenz aus Art. 74 I Nr. 11 GG sind daher ebenfalls gegeben. Der Bund ist demnach für das Kriegsspielzeuggesetz gesetzgebungsbefugt, soweit ein Bedürfnis nach bundesgesetzlicher Regelung gemäß Art. 72 II GG besteht. Der Kontakt von Kindern mit Kriegsspielzeug und die negativen Auswirkungen auf ihr Aggressionsverhalten könnten nicht zuverlässig verhindert werden, wenn die Regelungskompetenz den Ländern überlassen bliebe. Bei von Land zu Land unterschiedlicher Bewältigung des vom Kinderschutzbund festgestellten Mißstandes erschiene es sowohl aus der Sicht der Einzelhändler als auch der Konsumenten von Kriegsspielzeug immerhin möglich, die jeweiligen gesetzlichen Regelungen, soweit überhaupt vorhanden, zu umgehen. Demgemäß ist ein

---

[7] Bitte beachten Sie, daß in den Fällen, in denen der Eingriff durch ein Gesetz (unmittelbar) erfolgt, im Rahmen der verfassungsrechtlichen Rechtfertigung nur geprüft werden muß, ob dieses Gesetz das Grundrecht verfassungsmäßig einschränkt, ob es also eine formell und materiell rechtmäßige Grundrechtsschranke darstellt.

Bedürfnis nach bundesgesetzlicher Regelung nach Art. 72 II GG gegeben. Der Bund hatte also die Gesetzgebungskompetenz zum Erlaß des Kriegsspielzeuggesetzes.

Daß das Gesetzgebungsverfahren ordnungsgemäß durchgeführt worden ist und auch die Formvorschriften beachtet wurden, ist mangels entgegenstehender Angaben im Sachverhalt zu unterstellen.

Das Kriegsspielzeuggesetz ist mithin formell verfassungsmäßig.

bb) Materielle Verfassungsmäßigkeit

Um materiell verfassungsmäßig zu sein, müßte das Kriegsspielzeuggesetz zunächst den Anforderungen des Verhältnismäßigkeitsgrundsatzes genügen[8]. Das wäre dann der Fall, wenn es einen legitimen Zweck verfolgen würde und zur Erreichung dieses Zwecks geeignet, erforderlich und angemessen[9] wäre.

Das Gesetz dient dem Ziel, Kinder von einer Verharmlosung und Verherrlichung von Gewalt durch Kriegsspielzeug fernzuhalten und dadurch ihr Aggressionsverhalten positiv zu beeinflussen. Es dient damit einem legitimen Zweck.

Das Gesetz wäre dann geeignet, wenn durch die in ihm getroffene Regelung der angestrebte Erfolg zumindest gefördert würde.

Das Gesetz bewirkt, daß Kinder auf längere Sicht nicht mehr mit Kriegsspielzeug gewaltverharmlosender oder verherrlichender Art konfrontiert werden. Negative Auswirkungen auf ihr Aggressionsverhalten sind daher insoweit nicht mehr zu befürchten. Mithin ist das Gesetz geeignet, den mit ihm verfolgten Zweck zu fördern.

Das Verkaufsverbot im Einzelhandel, durch das den Kriegsspielzeugherstellern Absatzmöglichkeiten entzogen werden, müßte darüber hinaus erforderlich sein. Das bedeutet, daß keine andere, ebenso geeignete Maßnahme denkbar sein darf, die den Grundrechtsträger weniger belastet[10]. Als milderes Mittel kämen hier Appelle an Handel und Hersteller in Betracht, den Verkauf bzw. die Produktion gerade von Kriegsspielzeug allmählich einzustellen. Solche Appelle haben jedoch nicht zu einer freiwilligen Selbstbeschränkung von Handel und Industrie geführt. Ein gleich geeignetes, aber milderes Mittel stand daher nicht

---

[8] Das Rechtmäßigkeitsmerkmal der Verhältnismäßigkeit ergibt sich nicht aus Art. 19 GG, der besondere Anforderungen an die Einschränkung von Grundrechten normiert, sondern folgt unmittelbar aus dem Rechtsstaatsprinzip (Art. 1 III, 20 III GG).

[9] Statt „Angemessenheit" wird auch häufig der Ausdruck „Verhältnismäßigkeit i. e. S." verwendet.

[10] Schon hier könnten Sie im Sinne der Drei-Stufen-Theorie untersuchen, ob es sich bei dem Gesetz um eine Beeinflussung der Berufswahl oder der Berufsausübung der W-GmbH handelt und im Anschluß daran prüfen, ob eine Maßnahme auf einer niedrigeren Eingriffsstufe gleichermaßen zur Zweckerreichung geeignet wäre. Absolut zuverlässig ist diese formalisierte Vorgehensweise allerdings nicht, ist es doch vorstellbar, daß eine detaillierte Berufsausübungsregelung intensiver eingreift als z. B. leicht zu erfüllende subjektive Zulassungsvorausetzungen.

zur Verfügung. Infolgedessen ist die Erforderlichkeit der gesetzlichen Regelung zu bejahen[11].

Schließlich müßte die durch das Gesetz auferlegte Beschränkung angemessen sein. Das ist dann der Fall, wenn eine Gesamtabwägung zwischen der Schwere des Eingriffs und der ihn rechtfertigenden Gründe zu dem Ergebnis führt, daß die Grenze des Zumutbaren nicht überschritten ist. Die Schwere des Eingriffs richtet sich grundsätzlich danach, ob das Gesetz die Berufswahl oder die Berufsausübung der Kriegsspielzeughersteller betrifft[12].

Die Berufswahl, die durch die Entscheidung, einen bestimmten Beruf zu ergreifen oder aufzugeben, gekennzeichnet ist, wäre, da das Kriegsspielzeuggesetz die Unternehmen, die sich auf die Herstellung von Kriegsspielzeug spezialisiert haben, zur nahezu vollständigen Aufgabe ihrer Produktion veranlaßt, dann betroffen, wenn die Herstellung von Kriegsspielzeug ein eigenständiger Beruf wäre. Die Spezialisierung zum Kriegsspielzeughersteller fügt sich in das übergeordnete, typische Berufsbild des Spielzeugherstellers ein. Es handelt sich daher bei der Herstellung von Kriegsspielzeug nicht um einen eigenständigen Beruf, sondern lediglich um eine Berufsmodalität. Das Kriegsspielzeuggesetz betrifft mithin nicht die Berufswahl, sondern vielmehr das „Wie" der beruflichen Betätigung, die Berufsausübung[13].

Berufsausübungsregelungen sind nach der Drei-Stufen-Lehre dann gerechtfertigt, wenn vernünftige Gründe des Gemeinwohls sie verlangen[14]. Das Verkaufsverbot mit seinen unausweichlichen, nachteiligen Folgen für die Kriegsspielzeughersteller wurde für erforderlich gehalten, um Schäden von der kind-

---

[11] Die Erörterung des Aspekts der freiwilligen Selbstbeschränkung im Rahmen der Erforderlichkeit wurde ihnen durch den Sachverhalt bereits vorgegeben. Solche Sachverhaltsangaben müssen verarbeitet werden.

[12] Auch hier gelten die in Fn. 10 genannten Vorbehalte bei der Anwendung der Drei-Stufen-Theorie.

[13] Der Bestand typischer, genau fixierter Berufsbilder verhindert natürlich nicht die Erschließung neuer Betätigungsfelder und damit die Entstehung neuer Berufe. Andererseits sind Typisierungen notwendig, da ansonsten zahlreiche Regelungen als Berufswahlbeschränkungen anzusehen wären, obwohl es sich nach Art und Ausmaß lediglich um solche der Berufsausübung handelt. So wird z. B. die Betätigung als Kassenarzt nur als Modalität des Arztberufes angesehen (vgl. BVerfGE 11, 30, 41). Dennoch könnten Sie hier auch ein anderes Ergebnis vertreten, das Sie natürlich angemessen begründen müßten.

[14] Zur Erinnerung: Bei der sog. Drei-Stufen-Lehre handelt es sich um nichts anderes als die konsequente Umsetzung der aus dem Verhältnismäßigkeitsgrundsatz folgenden Faustregel, wonach umso höhere Rechtfertigungsanforderungen zu stellen sind, desto intensiver der Eingriff in grundrechtlich geschützte Positionen ist. Bei Art. 12 I GG hat diese Faustregel durch die Rechtsprechung des Bundesverfassungsgerichts genauere Konturen bekommen, Drei-Stufen-Lehre genannt (vgl. BVerfGE 7, 377). Genau genommen ist der Begriff der Drei-Stufen-Lehre überflüssig, bezeichnet er doch nur ohnehin Bekanntes. Dennoch sollten Sie ihn aus klausurtaktischen Überlegungen „einfließen" lassen. Subjektive Zulassungsbeschränkungen, die die Wahl eines Berufes von persönlichen Eigenschaften und Fähigkeiten abhängig machen, sind zum Schutz wichtiger Gemeinschaftsgüter gerechtfertigt. Objektive Zulassungsbeschränkungen, die die Berufswahl an Voraussetzungen knüpfen, die unabhängig von der Person bestehen, etwa Bedürfnisprüfungen, sind nur zum Schutz eines überragend wichtigen Gemeinschaftsgutes zulässig.

lichen Entwicklung abzuwenden[15]. Dabei handelt es sich um einen vernünftigen Grund des Allgemeinwohls. Die Angemessenheit ist damit zu bejahen.

Das Kriegsspielzeuggesetz greift also verhältnismäßig in die Berufsfreiheit ein.

Es könnte jedoch aufgrund der Verwendung des Begriffs „Kriegsspielzeug" gegen den Bestimmtheitsgrundsatz verstoßen. Danach sind Rechtsvorschriften so präzise zu fassen, wie es der zu ordnende Lebenssachverhalt mit Rücksicht auf den Normzweck zuläßt.

Der Begriff „Kriegsspielzeug" läßt nicht erkennen, welche Spielzeuge von dem Verbot erfaßt werden sollen. Auch ist er im Kriegsspielzeuggesetz nicht legaldefiniert. Deshalb ist es beispielsweise unklar, ob das Gesetz bereits ausnahmslos auf solche Spielmaterialien anzuwenden ist, die den Krieg lediglich thematisieren, oder ob es nur für Funktionsspielzeug gelten soll, m. a. W. ob das Verkaufsverbot unterschiedslos für Schachspiele, Plastiksoldaten und die sog. Killerautomaten gilt. Die Entscheidung über den verbindlichen Gesetzesinhalt ist mithin der Willkür des Gesetzesanwenders überlassen. Diese Unklarheiten hätten wenigstens z. T. durch eine am Normzweck orientierte Präzisierung des Begriffs etwa durch den Zusatz „das verrohenden Einfluß hat", vermieden werden können. Damit wäre auch klargestellt, daß Spielzeug, das zwar im weitesten Sinn den Krieg darstellt, aber keinen negativen Einfluß auf die kindliche Entwicklung hat, von der Regelung ausgenommen ist. Demnach ist der Verbotsgegenstand nicht so präzise gefaßt, wie es der zu ordnende Lebenssachverhalt mit Rücksicht auf den Normzweck zuläßt. Das Bestimmtheitsgebot ist folglich verletzt.

Das Kriegsspielzeuggesetz ist aus diesem Grund materiell verfassungswidrig.

d) Ergebnis

Der Eingriff in den Schutzbereich ist nicht verfassungsrechtlich gerechtfertigt, so daß eine Verletzung von Art. 12 I GG vorliegt.

2. Ergebnis

Die Verfassungsbeschwerde der W-GmbH ist begründet.

III. Ergebnis

Die Verfassungsbeschwerde der W-GmbH ist zulässig und begründet und hat daher Aussicht auf Erfolg.

---

[15] Bei der Prüfung der Angemessenheit ist zu beachten, daß der Gesetzgeber bei der Einschränkung und Abwendung möglicher Gefahren einen Beurteilungsspielraum hat, der der Nachprüfung durch die Gerichte aufgrund des Prinzips der Gewaltenteilung entzogen ist. Sie dürfen daher auf keinen Fall die Einschätzung des Gesetzgebers für den Grad der Gefährdung der Kinder durch Ihre eigene Ansicht ersetzen, etwa indem Sie schreiben, das Aggressionsverhalten würde überhaupt nicht durch das genannte Spielzeug beeinflußt.

Zweite Fallösung, so sollte sie nicht aussehen

Die von der W-GmbH erhobene Verfassungsbeschwerde (gemäß Art. 93 I Nr. 4 a GG i. V. m. §§ 13 Nr. 8 a, 90 ff. BVerfGG) hat Aussicht auf Erfolg, wenn sie zulässig und begründet ist.

I. Zulässigkeit[16]

1. Beteiligtenfähigkeit

Die W-GmbH müßte beteiligtenfähig sein[17]. Grundsätzlich sind nur natürliche Personen Grundrechtsträger i. S. v. § 90 I, 1 BVerfGG. Gemäß Art. 19 III GG gelten die Grundrechte auch für inländische juristische Personen[18]. Da hier die W-GmbH mangels gegenteiliger Informationen eine solche juristische Person ist, ist sie auch mit Beachtung von Art. 19 III GG beteiligtenfähig[19].

2. Prozeßfähigkeit

Sie ist auch in Ermangelung von gegenteiligen Sachverhaltsangaben rechtsgeschäftsfähig und damit prozeßfähig[20].

3. Beschwerdegegenstand

Ferner müßte die W-GmbH einen Akt der öffentlichen Gewalt rügen[21]. Hier möchte die W-GmbH gegen ein Gesetz vorgehen. Gemäß Art. 1 III GG ist die Gesetz-

---

[16] Hier fehlt der Obersatz, durch den die logische Verbindung der Rechtsfolge (Zulässigkeit der Verfassungsbeschwerde) mit den Voraussetzungen für ihren Eintritt (Beteiligtenfähigkeit, Prozeßfähigkeit usw.) hergestellt wird.

[17] Der Ausdruck „Beteiligtenfähigkeit" ist kein subsumtionsfähiges Merkmal des gesetzlichen Tatbestandes, sondern nur die allgemeine, im Prozeßrecht übliche Bezeichnung der Fähigkeit, Partei in einem rechtlichen Verfahren zu sein. Es hätte also dargelegt werden müssen, daß die Beteiligtenfähigkeit davon abhängt, ob das Merkmal „jedermann" in § 90 I BVerfGG erfüllt ist. Im Anschluß daran hätte dem Leser mitgeteilt werden müssen, was man unter diesem Rechtsbegriff (jedermann) versteht, nämlich die Fähigkeit, Träger des als verletzt gerügten Grundrechts, hier Art. 12 I GG, zu sein.

[18] Diese Aussage ist zu ungenau. Gemäß Art. 19 III GG gelten die Grundrechte nicht schlechthin für inländische juristische Personen, sondern nur unter der Bedingung, daß sie wesensmäßig auf diese anwendbar sind. Diese Ungenauigkeit des Gutachtens führt zu dem folgenden Fehler.

[19] Dieser Fehler wird in Anfängergutachten oft begangen, da er von der lästigen Notwendigkeit befreit, unter das Merkmal der wesensmäßigen Anwendbarkeit zu subsumieren. Nur dann, wenn die Beschwerdeführerin eine inländische juristische Person ist und das als verletzt gerügte Grundrecht wesensmäßig auf sie anwendbar ist, kann die Grundrechtsträgerschaft und damit die Beteiligtenfähigkeit bejaht werden. Allein aus ihrem Status als juristische Person auf die Grundrechtsträgerschaft zu schließen, ist nicht folgerichtig und damit falsch.

[20] Auch dieser Schluß ist unzutreffend, denn die Prozeßfähigkeit im Verfassungsprozeßrecht ist nicht mit der zivilrechtlichen Geschäftsfähigkeit identisch.

[21] Der Grund dafür, warum diese Zulässigkeitsvoraussetzung geprüft wird, hätte durch einen Hinweis auf den normativen Ansatz in § 90 I BVerfGG angegeben werden müssen.

gebung an die Grundrechte als unmittelbar geltendes Recht gebunden[22]. Mithin stellen Gesetze einen hoheitlichen Akt der öffentlichen Gewalt dar.

4. Beschwerdebefugnis

Es muß weiterhin i. S. v. von § 90 I BVerfGG möglich erscheinen, daß die W-GmbH in einem ihrer Grundrechte verletzt ist[23]. Ihr wird der Verkauf von Kriegsspielzeugen im Einzelhandel untersagt. Damit ist es nicht mehr möglich, in der Bundesrepublik den Beruf des Kriegsspielzeugverkäufers zu ergreifen und eventuell auch gleichzeitig dessen Produzent zu sein[24]. Es erscheint also die Möglichkeit der Einschränkung (Möglichkeitstheorie) von in Art. 12 GG garantierten Grundrechten.

Weiterhin müßte die W-GmbH selbst, gegenwärtig und unmittelbar betroffen sein.

Da die W-GmbH selbst (durch Prozeßbevollmächtigte) die Beschwerde führt, ist sie selbst betroffen[25].

Unmittelbarkeit und Gegenwärtigkeit sind ebenfalls gegeben[26].

Die W-GmbH ist selbst, gegenwärtig und unmittelbar betroffen[27].

5. Rechtswegerschöpfung

Da die W-GmbH gegen ein Bundesgesetz vorgehen möchte, wofür kein ordentlicher oder verwaltungsrechtlicher Rechtsweg gegeben ist, ist der Rechtsweg i. S. v. § 90 II BVerfGG erschöpft[28].

---

[22] Anstelle dieser Aussage hätte der Leser eine Definition des Ausdrucks „Akt der öffentlichen Gewalt" sowie eine Subsumtion erwartet. Die sich im Gutachten anschließende Schlußfolgerung ist nicht nachvollziehbar.

[23] Hier fehlt der Bezug zum gesetzlichen Tatbestand. § 90 I BVerfGG spricht von der Behauptung, in einem eigenen Grundrecht verletzt zu sein.

[24] Die Problematik des Falles wird nicht erfaßt. Es hätte dargelegt werden müssen, ob und inwieweit ein Verkaufsverbot gegenüber den Einzelhändlern Auswirkungen auf einen Freiheitsbereich der Kriegsspielzeughersteller haben kann.

[25] Auch vor diesem, in Anfängergutachten häufig begangenen Fehler seien Sie gewarnt! Er unterläuft Ihnen dann, wenn Sie die Definition der Selbstbetroffenheit nicht kennen. Hier führt die ebenso unglückliche wie unzutreffende Verbindung von Elementen der Prozeßfähigkeit mit der Selbstbetroffenheit durch den Akt der öffentlichen Gewalt zu dem gravierenden Mangel, daß auch der zweite Schwerpunkt der Zulässigkeitsprüfung nicht erkannt wurde. Dieser Fehler wird noch durch die hier unangebrachte Urteilstechnik begünstigt.

[26] Hier fehlt die Subsumtion.

[27] Das Ergebnis der Prüfung der Beschwerdebefugnis fehlt.

[28] Diese Formulierung trifft man bestimmt in der Hälfte der Anfängerklausuren über Verfassungsbeschwerden gegen Gesetze an. Überlegen Sie selbst: Wo kein Rechtsweg eröffnet ist, kann auch keiner erschöpft, d. h. durch alle Instanzen beschritten worden sein.

6. Form und Frist

Form (§§ 23 I, 92 BVerfGG) und Frist (§ 93 BVerfGG) sind gewahrt.

7. Ergebnis

Mithin ist die Verfassungsbeschwerde zulässig.

II. Begründetheit

Die Verfassungsbeschwerde ist begründet, wenn der gerügte hoheitliche Akt eine Verletzung eines Grundrechts darstellt[29].

1. Verletzung von Art. 12 I GG

Das verabschiedete Gesetz könnte eine Verletzung der in Art 12 I GG gewährleisteten Grundrechte darstellen.

a) Betroffenheit des Schutzbereichs

Dann müßte der Schutzbereich betroffen sein[30]. Art. 12 I, 1 GG schützt grundsätzlich den Beruf. Beruf ist jede sinnvolle und erlaubte Betätigung, die auf eine bestimmte Dauer angelegt ist. Die Berufstätigkeit ist maßgebliche Grundlage der Lebensführung und dient der Unterhaltsbesorgung[31]. Er ist daher nicht auf traditionelle oder gar rechtlich fixierte „Berufsbilder" beschränkt, sondern umfaßt auch einzelne frei gewählte untypische Betätigungen. Die W-GmbH hat sich hier für die Tätigkeit der Herstellung von Kriegsspielzeug und dessen Verkauf in der Bundesrepublik entschieden. Eine Absatzmöglichkeit nach Inkrafttreten des Gesetzes der von ihr erzeugten Güter in der Bundesrepublik ist nicht mehr gegeben. Der Schutzbereich ist betroffen.

---

[29] Der Obersatz ist ungenau und damit unzutreffend. Die Verfassungsbeschwerde ist nicht schon dann begründet, wenn das Kriegsspielzeuggesetz irgendein Grundrecht verletzt, sondern nur dann, wenn es gegen Grundrechte der W-GmbH verstößt. Es kommt also nicht wie bei der abstrakten Normenkontrolle auf die Grundrechtskonformität schlechthin an, sondern nur auf die Verletzung solcher Grundrechte, die der Beschwerdeführer innehat.

[30] Unter welchen abstrakten Voraussetzungen ist denn der Schutzbereich eines Grundrechts durch einen Hoheitsakt betroffen? Der Schutzbereich ist regelmäßig dann betroffen, wenn die hoheitliche Maßnahme Auswirkungen auf ein Verhalten hat, das von dem jeweiligen Grundrecht geschützt ist. Anschließend schreiben Sie kurz, welches Verhalten die Maßnahme gebietet, verbietet oder sanktioniert, und prüfen dann, ob das betroffene Verhalten von der Berufsfreiheit o. ä. geschützt ist, d. h. Sie subsumieren unter Beruf.

[31] Vorsicht bei der blinden Verwendung erlernter Definitionen! Wenn Beschwerdeführerin wie hier ein juristische Person ist, spricht man von der „Grundlage unternehmerischer Betätigungen".

b) Eingriff

Das Gesetz muß einen Eingriff in den Schutzbereich darstellen. Ein Eingriff ist i. w. S. eine Einschränkung der durch den Schutzbereich garantierten Rechte. Durch das Gesetz wird die Ausübung eines Berufes (Hersteller und Verkäufer von Kriegsspielzeug) in der Bundesrepublik verboten. Es ist also weder möglich diesen Beruf zu ergreifen noch ihn weiter auszuüben[32]. Es ist also ein Eingriff auf der Berufswahlebene gegeben.

c) Verfassungsrechtliche Rechtfertigung

Der Eingriff könnte durch den Gesetzesvorbehalt des Art. 12 I, 2 GG gerechtfertigt sein[33].

aa) Formelle Verfassungsmäßigkeit

Dazu müßte das Gesetz ordnungsgemäß zustande gekommen sein.

Die Gesetzgebungskompetenz des Bundes könnte sich aus Art. 74 I Nr. 7 GG ableiten. Ziel des Gesetzes ist es, die Kinder und Jugendlichen des Landes zu schützen. Damit wird ein Ziel der öffentlichen Fürsorge verfolgt. Es besteht also[34] eine Bundesgesetzgebungskompetenz im Rahmen der konkurrierenden Gesetzgebung gemäß Art. 74 I Nr. 7 GG[35].

Wie aus den Sachverhaltsangaben entnommen werden kann, besteht kein Anlaß zur Prüfung der Art. 76 ff. GG. Das Gesetz ist in einem ordnungsgemäßen Verfahren verabschiedet worden.

Es ist mithin formell und materiell[36] verfassungskonform.

---

[32] Die Aussage, das Gesetz würde die Kriegsspielzeugherstellung verbieten, ist falsch. § 1 des Kriegsspielzeuggesetzes verbietet lediglich den Verkauf im Einzelhandel. Es hat nur mittelbare Auswirkungen auf die Herstellung von Kriegsspielzeug. In solchen Fällen müssen Sie wissen, daß Art. 12 GG nicht vor allen entfernten Beeinträchtigungen schützt. Ebenfalls unzutreffend war es daher, den Eingriff als „Einschränkung i. w. S." zu definieren.

[33] Allein die Existenz des Gesetzesvorbehalts rechtfertigt keinen Eingriff. Eine Rechtfertigung kommt nur dann in Betracht, wenn das den Gesetzesvorbehalt ausfüllende Gesetz formell und materiell verfassungsmäßig ist.

[34] Diese Schlußfolgerung ist falsch. Ist ein Regelungsbereich der konkurrierenden Gesetzgebung einschlägig, hat der Bund nur unter der weiteren Voraussetzung die Gesetzgebungskompetenz, daß ein Bedürfnis nach bundesgesetzlicher Regelung besteht, Art. 72 II GG. Bei der Prüfung dieser Voraussetzung können Sie sich allerdings kurz fassen, da die Einschätzung, ob ein solches Bedürfnis besteht, zum großen Teil politischer Natur ist und der Gesetzgeber deshalb einen vom Bundesverfassungsgericht zu respektierenden Gestaltungsspielraum hat. Im Zweifel sind die Voraussetzungen des Art. 72 II GG erfüllt.

[35] Im Gutachten ist es erforderlich, alle in Betracht kommenden Tatbestände zu prüfen, aus denen sich eine Kompetenzzuweisung ergeben könnte. Neben Art. 74 I Nr. 7 GG hätte daher auch eine Gesetzgebungskompetenz aus Art. 74 I Nr. 11 GG geprüft werden müssen.

[36] Ein Fehler wie dieser würde Sie im Ernstfall Kopf und Kragen kosten, egal welche Vorzüge Ihr Gutachten im übrigen hätte. Mit einer solchen Formulierung versetzen Sie den Korrektor nämlich in den Glauben, der Unterschied zwischen formeller und materieller Verfassungsmäßigkeit wäre Ihnen unbekannt. Der Umstand, daß ein Gesetz unter Beachtung von Zuständigkeit, Verfahren und Form zustande gekommen ist, sagt nichts über seine materielle Verfassungsmäßigkeit aus, sondern führt nur zur formellen Verfassungsmäßigkeit!

bb) Materielle Verfassungsmäßigkeit

Fraglich ist, ob es dem Verhältnismäßigkeitsgrundsatz entspricht[37].

Da das Gesetz Regelungen bezüglich der Berufswahl trifft, also Festlegungen trifft, die den Grundrechtsträger als Person treffen und die er nicht beeinflussen kann (objektive Zulassungsvoraussetzungen)[38], muß der Regelungszweck der Abwehr nachweisbarer oder höchstwahrscheinlicher schwerer Gefahren für ein überragend wichtiges Gemeinschaftsgut dienen (Drei-Stufen-Theorie des BVerfG). Ein solches Rechtsgut könnte die Volksgesundheit i.w.S. sein. Wie eben Untersuchungen gezeigt haben, wirkt sich diese Art von Spielzeug negativ auf die kindliche Entwicklung aus. Da aber die Kinder von heute die Erwachsenen von morgen sind, muß dem Staat daran gelegen sein, seine Kinder zu schützen.

Es ist auch das mildeste Mittel, da eine andere Lösung (freiwillige Selbstbeschränkung) nicht erfolgreich war.

Die „Härte" der Regelung ist durch zwei Gesichtspunkte geprägt[39]. Die Herstellung wird nicht verboten[40]. Damit ist der Vertrieb in das Ausland erlaubt. Weiter wird durch Einräumung einer Übergangszeit eine Marktumstellung (Eroberung des ausländischen Marktes) ohne große Verluste möglich. So ist es auch der W-GmbH möglich, die Maschinen umzustellen und eine langsame Umstellung vorzunehmen[41]. Auch eine Produktion von anderen Spielzeugen erscheint möglich. Weiter kann die Produktionsqualität gesteigert werden und eventuell eine Produktion von Sammelobjekten für Erwachsene erzeugt werden (Museumscharakter der verschiedenen Epochen)[42].

Das Gesetz genügt den Anforderungen des Verhältnismäßigkeitsgrundsatzes.

Es verstößt auch nicht gegen Art. 19 GG (kein Einzelfallgesetz)[43].

---

[37] Auch wenn die Prüfung der Verhältnismäßigkeit im wesentlichen auf eine Abwägung hinausläuft, besteht kein Grund, oberflächlich zu subsumieren. Glauben Sie nicht, Sie könnten an dieser Stelle Gutachten durch Prosa ersetzen! Definieren Sie also die Verhältnismäßigkeit als Eignung, Erforderlichkeit und Angemessenheit des Hoheitsakts und subsumieren Sie anschließend unter diese Merkmale. Es versteht sich von selbst, daß Sie wissen, was Eignung usw. bedeuten. Bei der Prüfung der Angemessenheit rächt sich jede Bequemlichkeit im Denken. Nicht selten sind es nämlich diese Ausführungen, die eine Klausur noch „retten".

[38] Der Urteilsstil ist hier verfehlt, da es problematisch ist, ob das Kriegsspielzeuggesetz eine Berufswahl- oder Berufsausübungsregelung darstellt.

[39] Dem Leser ist zunächst unklar, was hier geprüft wird (die Angemessenheit).

[40] Widersprüche im Gutachten müssen unbedingt vermieden werden. Bei der Prüfung eines Eingriffs in Art. 12 I GG wurde (unzutreffend) dem Leser mitgeteilt, auch die Herstellung werde durch das Gesetz verboten.

[41] Hier wurde der Sachverhalt nicht richtig erfaßt. Nach § 2 Kriegsspielzeuggesetz gilt die Übergangsregelung nur für bereits hergestelltes Spielzeug. Die W-GmbH wird daher schon ab Inkrafttreten des Gesetzes keine Abnehmer mehr finden.

[42] Bei der Prüfung der Angemessenheit ist das eingesetzte Mittel (Gesetz) in Beziehung zum damit verfolgten Zweck zu setzen. Ausführungen allein zur „Härte" der Maßnahme genügen nicht.

[43] Es fehlt die Prüfung eines Verstoßes gegen das Bestimmtheitsgebot.

cc) Ergebnis

Das Gesetz berührt zwar den Schutzbereich des Art. 12 I GG, ist jedoch durch den Gesetzesvorbehalt gerechtfertigt[44].

2. Ergebnis

Art. 12 I GG ist nicht verletzt.

III. Ergebnis

Die Verfassungsbeschwerde ist unbegründet. Die Klage[45] wird erfolglos bleiben.

Viele Grüße[46] (Unterschrift)

---

[44] Dieses Ergebnis ist in zweifacher Hinsicht unzutreffend formuliert: Ein Gesetz, das den Schutzbereich eines Grundrechts nur „berührt", aber nicht beeinträchtigt, bedarf keiner verfassungsrechtlichen Rechtfertigung. Die Rechtfertigung erfolgt nicht durch den Gesetzesvorbehalt, sondern durch das den Vorbehalt ausfüllende verfassungsmäßige Gesetz.
[45] Bei der Verfassungsbeschwerde handelt es sich nicht um eine Klage.
[46] Von Vertraulichkeiten mit dem Korrektor können wir nur abraten.

K. Ein Kanzler steht im Walde[1]

Sachverhalt

Der Bundeskanzler schlägt dem Bundespräsidenten im Zusammenhang mit der Bildung der Bundesregierung nach den Bundestagswahlen den Forsthilfsarbeiter Borke zum Minister für besondere Aufgaben der Waldschadensbekämpfung vor. Der Bundespräsident weigert sich, diesem Vorschlag zu entsprechen. Er macht geltend, einen Geschäftsbereich des vorgesehenen engen Zuschnitts habe es bisher nicht gegeben. Borke sei überdies zum Minister ungeeignet; er habe bisher nur als Holzfäller gearbeitet und habe sich im Wahlkampf als politischer Eiferer gezeigt.

Der Bundeskanzler möchte wissen,

1. ob der Bundespräsident verpflichtet ist, Borke zu ernennen;

2. ob er die Frage gerichtlich klären lassen kann.

Vermerk: Das Bundesministergesetz und die Geschäftsordnung der Bundesregierung sind bei der Bearbeitung außer acht zu lassen.

Fallösung

I. Pflicht des Bundespräsidenten, Borke zu ernennen

Der Bundespräsident kann die Ernennung von Borke zum Minister für besondere Aufgaben der Waldschadensbekämpfung verweigern, wenn ihm bei der Ministerernennung ein Prüfungsrecht in rechtlicher und gegebenenfalls in politischer bzw. sachlicher Hinsicht zusteht, und wenn die Voraussetzungen für eine solche Weigerung vorliegen.

---

[1] Dieser Fall wurde im SS 1987 als Klausur gestellt. Er behandelt ein sehr beliebtes und selbst in Examensklausuren noch auftauchendes Thema, das Prüfungsrecht des Bundespräsidenten. Das Prüfungsrecht wird in zwei Fallkonstellationen klausurenrelevant: Bei der Ausfertigung von Gesetzen gemäß Art. 82 I, 1 GG und bei der Ministerernennung nach Art. 64 I GG. In beiden Konstellationen geben die Sachverhalte häufig Anlaß zu einer Differenzierung nach dem Bestehen eines rechtlichen und eines politischen Prüfungsrechts. Bei der Ausfertigung von Gesetzen bedingt der Wortlaut von Art. 82 I, 1 GG („zustande gekommen") eine weitere Differenzierung nach dem formellen und dem materiellen Prüfungsrecht. Bringen Sie diese Differenzierungen im Aufbau Ihres Gutachtens zum Ausdruck. Beide Fallkonstellationen lassen sich zwar nach dem Bestehen eines rechtlichen und eines politischen Prüfungsrechts aufbauen, die Argumentation verläuft jedoch unterschiedlich. Das bedeutet, daß Sie die in der folgenden Fallösung vorgenommene Argumentation im Zusammenhang mit dem Prüfungsrecht bei der Ministerernennung nicht auf die Untersuchung des Bestehens eines Prüfungsrechts bei der Ausfertigung von Gesetzen übertragen können.

1. Prüfungsrecht des Bundespräsidenten nach Art. 64 I GG

Der Bundespräsident begründet seine Weigerung, dem Ernennungsvorschlag des Bundeskanzlers zu entsprechen, mit dem engen Zuschnitt des Geschäftsbereichs und mit fehlender Qualifikation des Borke. Er macht damit rechtliche Gesichtspunkte geltend, die der Ministerernennung entgegenstehen könnten. Indem er seine Weigerung auch auf den Vorwurf stützt, Borke habe sich im Wahlkampf als politischer Eiferer gezeigt, hält er ihn auch aus sachlichen Gründen für ungeeignet. Es ist daher das Bestehen eines rechtlichen und eines politischen Prüfungsrechts zu untersuchen.

a) Rechtliches Prüfungsrecht

Für das Bestehen eines rechtlichen Prüfungsrechts des Bundespräsidenten bei der Ernennung von Ministern könnte der Wortlaut des Art. 64 I GG sprechen. Das dort verwendete Wort „Vorschlag" deutet auf eine Unverbindlichkeit und damit auf eine Ablehnungsmöglichkeit hin. Andererseits läßt das ebenfalls in Art. 64 I GG gebrauchte Wort „werden" auf einen reinen, wertungsfreien Verfahrensablauf schließen. Betrachtet man daher diese Vorschrift isoliert, dann läßt sich keine klare Aussage zum Bestehen eines rechtlichen Prüfungsrechts entnehmen.

Die Vorschriften der Art. 63 II, 2, IV, 2 und 67 I, 2 GG, die die Ernennung des Bundeskanzlers bzw. seines Nachfolgers durch den Bundespräsidenten vorsehen, enthalten jedoch ausdrückliche Befehlsformen. Hätte der Verfassunggeber eine Ernennungspflicht bei der Ministerernennung gewollt, dann hätte er diese von ihm selbst gewählten ausdrücklichen Befehlsformen in den Art. 64 I GG übernehmen können. Systematische Erwägungen sprechen daher für ein rechtliches Prüfungsrecht des Bundespräsidenten.

Dem könnte jedoch die Richtlinienkompetenz des Bundeskanzlers nach Art. 65, I GG entgegenstehen. Wenn der Bundeskanzler die Richtlinien der Politik, d. h. die grundsätzlichen und richtungsweisenden Entscheidungen über die Führung der Regierungsgeschäfte trifft, dann muß ihm auch das Recht zustehen, abschließend darüber zu befinden, wer auf ministerieller Ebene diese Richtlinien umsetzen soll. Aus Gründen der Rechtsbindung der Exekutive gemäß Art. 1 III, 20 III GG darf der Bundeskanzler auf der Grundlage seiner Richtlinienkompetenz aber nicht solche Maßnahmen vorsehen, die gegen rechtliche Anforderungen verstoßen. Die Richtlinienkompetenz ist daher kein taugliches Argument gegen ein rechtliches Prüfungsrecht des Bundespräsidenten[2].

Die Vorschriften über den Amtseid des Bundespräsidenten (Art. 56 GG), die rechtliche Bindung (Art. 1 III, 20 III GG) und die Präsidentenanklage (Art. 61

---

[2] Bei der Frage nach dem Bestehen eines politischen Prüfungsrechts im Zusammenhang mit der Ministerernennung kann der Richtlinienkompetenz aber eine erhebliche Bedeutung zukommen. Dazu noch unten unter b).

GG) haben keine kompetenzbegründende Funktion. Sie enthalten daher keine Aussagen für das Bestehen eines Prüfungsrechts.

Letztlich wäre es aber auch mit der Stellung des Bundespräsidenten als Staatsoberhaupt nicht vereinbar, wenn er „sehenden Auges" rechtswidrige Ministerernennungen vorzunehmen hätte.

Dem Bundespräsidenten steht daher ein rechtliches Prüfungsrecht zu. Sind die rechtlichen Anforderungen an eine Ministerernennung nicht erfüllt, kann er deshalb die Ernennung verweigern.

b) Politisches Prüfungsrecht

Fraglich ist, ob dem Bundespräsidenten darüber hinaus auch ein politisches Prüfungsrecht bei der Ministerernennung zusteht.

Zwar widerspräche es der Stellung des Bundespräsidenten, wenn er rechtswidrige Ministerernennungen vorzunehmen hätte, bei der Frage nach dem Bestehen eines politischen Prüfungsrechts tritt jedoch die Kompetenz des Bundeskanzlers, die grundlegenden politischen Entscheidungen zu treffen (Art. 65, 1 GG) – wofür er auch die Verantwortung trägt (Art. 65, 1, 67 GG) –, in den Vordergrund. Hätte der Bundespräsident die Möglichkeit, aufgrund politischer Erwägungen die Ernennung eines Ministers zu verweigern, dann würde er an der Gestaltung der Regierungspolitik teilhaben. Er könnte beispielsweise durch eine solche Weigerung die Politik eines ihm unlieben Bundeskanzlers blockieren, was auch der ansonsten schwachen Ausgestaltung seiner Befugnisse, die etwa in dem Gegenzeichnungserfordernis gemäß Art. 58, 1 GG zum Ausdruck kommt, widerspräche.

Schließlich deuten Art. 63 IV, 68 GG darauf hin, daß dem Bundespräsidenten nur in Ausnahmesituationen ein politisches Gewicht zukommt[3].

Dem Bundespräsidenten steht aus diesen Gründen kein politisches Prüfungsrecht im Zusammenhang mit der Ernennung von Ministern zu.

Er kann daher die Ernennung von Borke nicht mit der Begründung verweigern, er sei aufgrund seines Verhaltens im Wahlkampf zum Minister ungeeignet.

2. Rechtliche Ernennungsvoraussetzungen

Der Bundespräsident kann auf der Grundlage seines rechtlichen Prüfungsrechts die Ernennung von Borke verweigern, wenn die rechtlichen Voraussetzungen der Ernennung nicht erfüllt sind.

---

[3] Dies würde es u. U. rechtfertigen, bei besonders krassen Fehlentscheidungen des Bundeskanzlers ein politisches Prüfungsrecht des Bundespräsidenten anzunehmen. Eine derartige Fehlentscheidung liegt jedoch nicht vor.

a) Ernennungsvorschlag gemäß Art. 64 I GG

Der gemäß Art. 64 I GG erforderliche Ernennungsvorschlag des Bundeskanzlers an den Bundespräsidenten liegt vor.

b) Persönliche Qualifikation

Das Grundgesetz enthält keine Vorschriften, die ausdrückliche Voraussetzungen hinsichtlich der Eignung der Person eines Ministers aufstellen.

Art. 33 II GG enthält jedoch Merkmale wie Eignung und Befähigung. Soweit man in diesen Merkmalen aufgrund der Eigenschaft des Art. 33 II GG als besondere Ausprägung des allgemeinen Gleichheitssatzes des Art. 3 I GG nicht lediglich sachliche Differenzierungskriterien, sondern zugleich auch Qualifikationsmerkmale für die Bekleidung öffentlicher Ämter sieht, stellt sich die Frage, ob Art. 33 II GG auf Minister überhaupt anwendbar ist. Dazu müßte es sich bei dem Ministeramt um ein öffentliches Amt i.S.d. Vorschrift handeln.

Unter einem öffentlichen Amt sind alle beruflich oder ehrenamtlich wahrgenommenen Funktionsbereiche innerhalb des Staates oder juristischer Personen des öffentlichen Rechts zu verstehen. Aufgrund des staatsgerichteten, grundrechtsgleichen Charakters des Art. 33 II GG (vgl. Art. 93 I Nr. 4 a GG) können von dieser Vorschrift aber nur solche Aufgabenbereiche erfaßt werden, die in einer grundrechtstypischen Gefährdungslage besetzt werden. Dies trifft zwar auf Funktionsbereiche zu, die einseitig durch eine hoheitliche Entscheidung übertragen werden, nicht hingegen auf Ämter, die durch öffentliche Wahlen vom Bürger selbst oder durch von ihm gewählte Wahlkörper besetzt werden. Insoweit wird Art. 33 II GG durch das Demokratieprinzip und Art. 38 I GG verdrängt. Selbst wenn man also der Ansicht wäre, Art. 33 II GG enthalte Qualifikationserfordernisse, so gelten diese aber nicht für Minister.

Anforderungen an die Person eines Ministers könnten sich aber aus § 15 BWG ergeben[4]. Wenn schon die Wählbarkeit zum Bundestag von bestimmten Kriterien abhängig gemacht wird, dann müssen diese Kriterien erst recht für Mitglieder der Bundesregierung gelten. § 15 BWG enthält jedoch keine Qualifikationserfordernisse. Den allgemeinen Anforderungen, die die Vorschrift aufstellt, genügt Borke.

c) Ausgestaltung des Geschäftsbereichs

Schließlich könnten die vom Bundespräsidenten geäußerten Bedenken hinsichtlich der Neuartigkeit und des engen Zuschnitts des Geschäftsbereichs (besondere Aufgaben der Waldschadensbekämpfung) einer Ernennung von Borke entgegenstehen.

---

[4] Nach dem Bearbeitervermerk mußten die Vorschriften des BMinG und der GeschOBReg unbeachtet bleiben.

Die aus Art. 64 I, 65, 1 u. 4 GG folgende Organisationsgewalt des Bundeskanzlers beinhaltet die Kompetenz zur Schaffung neuer ministerieller Geschäftsbereiche über die drei Pflichtministerien Finanzen, Verteidigung und Justiz
hinaus. Die Einrichtung neuer Geschäftsbereiche kann insbesondere notwendig
sein, um auf unvorhergesehene Ereignisse – beispielsweise im Umweltbereich –
schnell und effektiv reagieren zu können. Darüber hinaus können auch partei-
und koalitionspolitische Gründe eine Schaffung neuer Ministerien erforderlich
machen.

Eine Grenze dieser weitreichenden Organisationsgewalt des Bundeskanzlers
kann sich nur aus der Erhaltung der Funktionsfähigkeit der Bundesregierung
ergeben. So kann eine wirksame Kabinettsarbeit durch eine große Anzahl klei-
ner Ministerien mit engen Geschäftsbereichen wegen der damit verbundenen
Gefahr von Koordinationsproblemen und der Schwerfälligkeit der Willensbildung behindert werden. Anhaltspunkte dafür, daß bereits mehrere kleinere
Ressorts existieren, bestehen nicht.

Die Bedenken des Bundespräsidenten hinsichtlich der Neuartigkeit und des
engen Zuschnitts des Geschäftsbereichs stehen der Ernennung von Borke nicht
entgegen.

3. Ergebnis

Dem Bundespräsidenten steht ein rechtliches Prüfungsrecht bei der Ernennung
von Ministern zu. Die rechtlichen Ernennungsvoraussetzungen sind jedoch erfüllt, so daß der Bundespräsident verpflichtet ist, Borke zu ernennen.

II. Gerichtliche Klärung der Frage

Der Bundeskanzler kann die Frage im Wege eines Organstreitverfahrens nach
Art. 93 I Nr. 1 GG i. V. m. §§ 23, 63 ff. BVerfGG klären lassen, wenn die dafür
erforderlichen Sachentscheidungsvoraussetzungen erfüllt sind.

1. Ordnungsgemäßer Antrag

Der Antrag zur Einleitung des Organstreitverfahrens müßte gemäß § 23 I, 1 u. 2
BVerfGG schriftlich eingereicht und begründet werden. Nach § 64 II BVerfGG
müßte im Antrag außerdem die Bestimmung bezeichnet werden, gegen die der
Antragsgegner verstoßen haben soll.

2. Parteifähigkeit

Der Bundeskanzler gehört als Teil der Bundesregierung zu den mit eigenen
Rechten ausgestatteten Organteilen und ist damit zulässiger Antragsteller gemäß
§ 63 BVerfGG.

Der Bundespräsident wird in § 63 BVerfGG ausdrücklich als möglicher Antragsgegner genannt.

3. Streitgegenstand

Gemäß § 64 I BVerfGG kann Streitgegenstand nur eine Maßnahme oder Unterlassung des Antragsgegners sein. Der Bundespräsident unterläßt es, Borke zu ernennen. Ein zulässiger Streitgegenstand ist folglich in der Weigerung zu sehen.

4. Antragsbefugnis

Nach § 64 I BVerfGG muß der Antragsteller geltend machen, durch eine Maßnahme oder Unterlassung des Antragsgegners in seinen verfassungsmäßigen Rechten und Pflichten verletzt oder unmittelbar gefährdet zu sein. Dies ist dann der Fall, wenn nach dem Vorbringen des Antragstellers eine Verletzung oder unmittelbare Gefährdung seiner verfassungsmäßigen Rechte und Pflichten möglich ist. Aufgrund der Weigerung des Bundespräsidenten ist es nicht ausgeschlossen, daß der Bundeskanzler in seinem aus Art. 64 I GG folgenden Kabinettsbildungsrecht verletzt ist. Der Bundeskanzler ist deshalb antragsbefugt.

5. Frist

Gemäß § 64 III BVerfGG müßte der Bundeskanzler den Antrag binnen sechs Monaten nach der Weigerung des Bundespräsidenten stellen.

6. Ergebnis

Die Sachentscheidungsvoraussetzungen sind erfüllt. Der Bundeskanzler kann daher die Frage gerichtlich klären lassen.

L. Der geschäftstüchtige Apotheker[1]

Sachverhalt

B ist Inhaber einer Apotheke und warb in der Vergangenheit mehrfach für Produkte, die nicht apothekenpflichtig sind. So hat er z. B. während eines Stadtradrennens vor seinem Geschäft einen Verkaufsstand für Biokost, Heilkräuter und Sortimentsgruppen für Sportler aufgestellt. Ferner ließ er auf die Sporttrikots der Teilnehmer eine Werbung für Krafttabletten aus seiner Apotheke drucken. Aufgrund dieser Handlungen kommt es zu einem Verfahren gegen B beim Landesberufsgericht. Ihm wird ein Verstoß gegen die Berufsordnung vorgeworfen, insbesondere habe er dem Verbot der übertriebenen Werbung zuwidergehandelt und außerhalb der Apotheke für seine Produkte geworben.

B ist der Ansicht, durch die Regelungen der Berufsordnung und die zu erwartende berufsgerichtliche Maßnahme unzulässigerweise beschränkt zu werden; schließlich habe er sich mit der von ihm durchgeführten Werbeaktion nur derselben Methode bedient, die auch bei anderen Kaufleuten Verwendung finde. Ferner dürfe er nicht durch ein Sondergericht verurteilt werden.

Der Vorsitzende Richter des Landesberufsgerichts sieht sich dagegen unter Anwendung des § 1, 2 KammerG i. V. mit § 21 BerufsO zur Verhängung einer Maßnahme nach § 20 IV KammerG veranlaßt. Insbesondere erachtet er dies für notwendig, um das Vertrauen der Öffentlichkeit in den Berufsstand und ortsansässige Apotheker zu schützen.

Vorab möchte er aber die Rechtmäßigkeit der Entscheidung gutachterlich klären lassen. Dabei soll neben der Einzelfallentscheidung die Rechtmäßigkeit des § 1, 2 KammerG i. V. mit § 21 BerufsO untersucht werden.

1. Erstellen Sie das Gutachten!

2. Könnte das Landesberufsgericht die Frage nach der Rechtmäßigkeit von § 21 BerufsO dem BVerfG zur Entscheidung vorlegen?

Gesetzesauszüge:

Berufsordnung der Landesapothekerkammer (BerufsO)

§ 21

Jegliche Werbung, die nach Form, Inhalt und Häufigkeit übertrieben wirkt, sowie Anpreisungen sind dem Apotheker untersagt. Unzulässig sind vor allem folgende Wettbewerbshandlungen:

---

[1] Dieser Fall wurde im Rahmen der Übung im Öffentlichen Recht für Anfänger im SS 1998 an der Universität Rostock als Klausur gestellt. Er ist an die Entscheidung BVerfGE 94, 372 = NJW 1996, 3067 angelehnt.

1. Übertriebene Werbung, insbesondere durch Versendung von Werbebriefen, Verteilung von Flugblättern und Werbemitteln außerhalb der Apotheke, ...

Kammergesetz des Landes (KammerG)

§ 1

Als öffentliche Berufsvertretungen werden errichtet:

...

3. Die Landesapothekerkammer.

§ 10

Die Kammermitglieder sind verpflichtet, ihren Beruf gewissenhaft auszuüben und dem ihnen im Zusammenhang mit dem Beruf entgegengebrachten Vertrauen zu entsprechen.

§ 11

Das Nähere über die Berufspflichten regelt die Berufsordnung. Sie kann Vorschriften über Berufspflichten enthalten, insbesondere über ... die Werbung. Die Berufsordnung wird von der Vertreterversammlung als Satzung erlassen.

§ 20

(1) Jede Kammer hat ein Landesberufsgericht und Bezirksberufsgericht zu bilden. Das Landesberufsgericht entscheidet in der Besetzung mit einem Vorsitzenden und vier Beisitzern, das Bezirksberufsgericht mit einem Vorsitzenden und zwei Beisitzern. Zum Vorsitzenden kann nur ein auf Lebenszeit ernannter Richter bestellt werden ..., die übrigen Beisitzer der Berufsgerichte müssen Kammermitglieder sein. Die Mitglieder der Berufsgerichte besitzen als solche richterliche Unabhängigkeit. Sie werden auf die Dauer von fünf Jahren bestellt. ...

(2) Die Kammermitglieder haben sich wegen berufsunwürdiger Handlungen in einem Berufsgerichtsverfahren zu verantworten. Berufsunwürdig sind Handlungen, welche gegen die Pflichten verstoßen, die einem Kammermitglied zur Wahrung des Ansehens seines Berufes obliegen.

(3) ...

(4) Berufsgerichtliche Maßnahmen sind: ... Geldbuße bis zu 20 000 DM.

Fallösung

I. Rechtmäßigkeit der vorgesehenen Maßnahmen

1. Verletzung des Grundrechts aus Art. 12 G

Die Rechtswidrigkeit der zu untersuchenden Maßnahmen könnte sich aus einem Verstoß gegen das Grundrecht aus Art. 12 I GG ergeben. In diesem Fall müßte eine rechtswidrige Beeinträchtigung des Schutzbereichs dieses Grundrechts vorliegen.

a) Schutzbereich

Es müßte zunächst der Schutzbereich des Art. 12 I GG betroffen sein. Art. 12 I GG schützt die Berufsfreiheit. Unter Beruf i. S. dieses Artikels wird jede erlaubte Tätigkeit, die auf Dauer angelegt ist und der Schaffung und Erhaltung einer Lebensgrundlage zu dienen bestimmt ist, verstanden. Der Berufsbegriff ist dabei insoweit offen, als er sowohl selbständige als auch unselbständige Tätigkeiten umfaßt. Die Tätigkeit als Apotheker stellt eine erlaubte (selbständige) Tätigkeit dar, welche auf unbestimmte Zeit betrieben werden soll und zur Finanzierung der Existenzgrundlage des A dient. Zur Berufsausübung wird überdies die Außendarstellung eines selbständig Berufstätigen gerechnet, die auf die Förderung des beruflichen Erfolges gerichtet ist. Mithin ist der Schutzbereich des Art. 12 I GG eröffnet.

b) Eingriff

Es müßte sich darüber hinaus bei der beabsichtigten Maßnahme um einen Eingriff handeln. Ein Eingriff ist zu bejahen, wenn der Schutzbereich nachteilig betroffen ist. Dies ist gerade auch dann der Fall, wenn ein grundrechtlich geschütztes Verhalten zum Anknüpfungspunkt staatlicher Sanktionen genommen wird. Die geplante Verhängung einer Geldbuße auf der Grundlage der BerufsO i. V. mit dem KammerG hat das vom Schutzbereich des Art. 12 I GG erfaßte Werbeverhalten des A zum Anlaß. Anknüpfungspunkt für die staatliche Sanktion wäre somit ein grundrechtlich geschütztes Verhalten. In der geplanten Geldbuße wäre folglich eine nachteilige Betroffenheit des Schutzbereichs der Berufsfreiheit zu sehen.

Fraglich ist, ob diese nachteilige Betroffenheit sich auf den Wahl- oder den Ausübungsaspekt der Berufsfreiheit bezieht[2]. Vorliegend könnte der Ausübungsaspekt der Berufsfreiheit betroffen sein. Während die Berufswahl das „Ob" der beruflichen Tätigkeit betrifft, erstreckt sich die Berufsausübungsfreiheit auf das „Wie" des Berufes. A hat seine Tätigkeit bereits seit längerer Zeit

---

[2] Dies ist deshalb zu unterscheiden, weil beide Eingriffsformen verschieden hohen Rechtfertigungsanforderungen genügen müssen. Im Grunde genommen stellen Sie an dieser Stelle die Weichen für die etwas später im Rahmen der verfassungsrechtlichen Rechtfertigung zu prüfende „Drei-Stufen-Theorie" (dazu Jarass/Pieroth, GG, 4. Aufl. 1997, Art. 12 Rn. 20 ff.).

aufgenommen, die Berufswahl also vorgenommen. Auch verbieten ihm die hier anzuwendenden Vorschriften nicht die weitere Ausübung des Berufes eines Apothekers. Die Regelung soll ihn indes zu gewissen von ihm nicht gewünschten Einschränkungen seiner beruflichen Betätigung bewegen. Also handelt es sich um einen Eingriff in den Ausübungsaspekt der Berufsfreiheit.

c) Verfassungsrechtliche Rechtfertigung

Der Eingriff könnte jedoch verfassungsrechtlich gerechtfertigt sein. Gemäß Art. 12 I, 2 GG kann die Berufsausübung durch Gesetz oder aufgrund eines Gesetzes geregelt werden.

Eingriffe in Art. 12 I, 1 GG bedürfen für ihre Rechtfertigung einer gültigen gesetzlichen Grundlage. Insofern ist zu untersuchen, ob das KammerG i. V. m. der BerufsO als solche den Anforderungen an grundrechtsbeschränkende Gesetze genügt. Dann müßten die gesetzlichen Grundlagen formell und materiell verfassungsgemäß sein.

In formeller Hinsicht könnte ein Verfassungsverstoß vorliegen, wenn dem Landesgesetzgeber die Kompetenz zur Rechtsetzung in diesem Bereich gefehlt hat. Vorliegend könnte nämlich die aus Art. 74 I Nr. 9 GG folgende konkurrierende Gesetzgebungskompetenz des Bundes, die Regelung über den Verkehr mit Arzneimitteln, in Betracht kommen. Jedoch befaßt sich das Apothekengesetz des Bundes und auch die sonstigen arzneimittel- und apothekenbetriebsrechtlichen Normen nicht mit den Berufspflichten, so daß davon keine Sperrwirkung für das Kammergesetz des Landes ausgeht (Art. 72 I GG). Insoweit war die Gesetzgebungszuständigkeit des Landes gegeben. Ein formeller Verfassungsverstoß liegt nicht vor.

Darüber hinaus müßten die zitierten Regelungen auch in materieller Hinsicht den verfassungsrechtlichen Anforderungen genügen. Fraglich ist in diesem Zusammenhang zunächst, ob die Kammersatzung als solche den Anforderungen des GG an grundrechtsbeschränkende Gesetze genügt. Dabei ist jedoch grundsätzlich davon auszugehen, daß Berufsausübungsregelungen auch in Gestalt von Satzungen autonomer Berufsverbände zulässig sind. Jedoch muß der Gesetzgeber – infolge der Wesentlichkeitstheorie – grundrechtsrelevante Entscheidungen selbst treffen. Für Verordnungsermächtigungen folgt dies aus Art. 80 I, 2 GG, bei Satzungen leitet sich dies aus dem Rechtsstaats- und Demokratieprinzip ab. Die Möglichkeit satzungsrechtlicher Einschränkungen ist dabei vor dem Hintergrund der Intensität der vorgesehenen Eingriffe zu bewerten. Je bedeutsamer die Frage ist, um so höher sind die Anforderungen an die Regelungsdichte des Gesetzes. Infolgedessen wirkt sich an dieser Stelle die unterschiedliche Intensität berufsregelnder Maßnahmen auf die Frage aus, welche Regelungsanforderungen sich an das zugrundeliegende Gesetz stellen. Der Gesetzgeber darf einen Berufsverband nur zur Normierung solcher Berufspflichten ermächtigen, die keinen „statusbildenden" Charakter haben und lediglich die Berufsausübungsfreiheit der Mitglieder regeln. Dabei muß das zulässige Maß des Eingriffs in der Ermächtigung um so deutlicher bestimmt sein, je empfindlicher der

Berufsangehörige in seiner freien beruflichen Betätigung beeinträchtigt und je stärker das Interesse der Allgemeinheit an der Art und Weise der Tätigkeit berührt wird[3].

Das allgemeine Werbeverbot betrifft – wie dargelegt – lediglich die Art und Weise der Berufsausübung. Ein statusbildender Charakter kommt ihm nicht zu, so daß es sich auf der untersten Eingriffsstufe des Art. 12 I GG bewegt. Das KammerG enthält neben der Umschreibung der grundsätzlichen Berufspflichten überdies die ausdrückliche Bestimmung, daß die Berufsordnung weitere Vorschriften über Berufspflichten, insbesondere über die Werbung, enthalten kann. Es genügt daher die Ermächtigung des KammerG den grundsätzlichen verfassungsrechtlichen Anforderungen an eine gesetzliche Beschränkung der Berufsausübungsfreiheit.

In materiell-rechtlicher Hinsicht kommt es zudem entscheidend darauf an, ob die Regelung des Werbeverbots durch hinreichende Gründe des Gemeinwohls gerechtfertigt werden kann und ob der Verhältnismäßigkeitsgrundsatz gewahrt ist. Werbeverbote und -einschränkungen für freie Berufe sollen mit dazu beitragen, daß der Berufsstand seine Aufgaben ordnungsgemäß erfüllt. Sinn und Zweck dieser Regelungen ist es, das berufliche Verantwortungsgefühl wie auch das Vertrauen der Öffentlichkeit in den Berufsstand zu stärken. Die Bevölkerung muß darauf vertrauen dürfen, daß der Apotheker sich nicht vom Gewinnstreben beherrschen läßt, sondern seine Verantwortung im Rahmen der Gesundheitsberufe wahrnimmt. In diesem Sinne sollen die hier relevanten Vorschriften eine ordnungsgemäße Berufsausübung stärken, indem sich der Apotheker auf das Wesen seiner Tätigkeit – die Versorgung der Bevölkerung mit wirksamen Arzneimitteln – beschränkt. Auf diese Weise soll vor allem auch dem Arzneimittelfehlgebrauch entgegengewirkt werden. Dieser Zweck steht im Interesse des Allgemeinwohls und kann somit grundsätzlich einen Eingriff rechtfertigen.

Die hier relevanten Vorschriften sind geeignet und erforderlich, dem genannten Gemeinwohlbelang zu dienen. Fraglich ist indes, ob die Beschränkungen auch angemessen sind. Dies wäre nur dann der Fall, wenn die Verbote und Sanktionen nicht außer Verhältnis zu ihrem Zweck stehen. Es ist folglich eine Güterabwägung zwischen den Berufsinteressen und den öffentlichen Belangen vorzunehmen. Apotheker sind nicht nur als Angehörige eines freien Berufsstandes anzusehen, sondern gleichzeitig auch als Kaufleute. Im Hinblick auf die apothekenfreien Arzneimittel und das Randsortiment stehen sie in einem allgemeinen Wettbewerb gerade auch mit anderen Kaufleuten. Vor diesem Hintergrund müssen sie auch werbend auf sich aufmerksam machen dürfen. § 21 BerufsO verbietet die Versendung von Werbebriefen sowie die Verteilung von Flugblättern und Werbemitteln außerhalb der Apotheke nicht ausnahmslos, sondern berücksichtigt Form, Inhalt und Häufigkeit der Werbung. Es läßt sich mithin im Einzelfall entscheiden, ob die Werbung außerhalb der Apotheke übertrieben erscheint und ob bestimmte Werbeträger generell geeignet sind, das

---

[3] Zu dieser Argumentation vgl. BVerfG, NJW 1996, 3067, 3068.

Vertrauen der Öffentlichkeit in die berufliche Integrität des Werbenden zu schmälern. In diesen Tatbestandselementen kommt der Grundsatz der Wechselwirkung ausreichend zum Ausdruck, so daß die dargelegten Gemeinwohlbelange eine Berufsausübungsregelung von dieser Reichweite rechtfertigen können. Die gesetzlichen Grundlagen für das Werbeverbot (§ 11 KammerG i. V. m. § 21 BerufsO) entsprechen somit dem Verhältnismäßigkeitsprinzip.

Fraglich ist, ob die (beabsichtigte) konkrete Entscheidung durch das Landesberufsgericht verfassungsgemäß ist. Dabei könnte die in Anwendung der rechtmäßigen Vorschriften zustande gekommene Einzelentscheidung grundrechtswidrig sein, wenn sie der Bedeutung der betroffenen Grundrechte nicht in angemessener Weise Rechnung trägt. Die Wechselwirkung zwischen Grundrecht und einschränkender staatlicher Maßnahme gilt nämlich nicht nur auf der Ebene der grundrechtseinschränkenden Normen, sondern auch im Hinblick auf die Einzelentscheidung, welche in Anwendung des grundrechtsbeschränkenden Gesetzes ergeht. Die (vorgesehene) Anwendung der Norm auf den Einzelfall muß also ihrerseits dem Verhältnismäßigkeitsprinzip entsprechen, mithin geeignet, erforderlich und angemessen sein. Die beabsichtigte berufsgerichtliche Maßnahme ist geeignet, das berufliche Verantwortungsgefühl und das Vertrauen der Öffentlichkeit in den Berufsstand des Apothekers zu stärken, und dient somit einem wichtigen Gemeinwohlbelang. Sie ist überdies erforderlich, da ein milderes Mittel zur Zielerreichung, welches in gleicher Weise geeignet wäre, nicht ersichtlich ist. Fraglich ist indes, ob die Angemessenheit der Maßnahme zu bejahen ist. Es ist zu beachten, daß Erwägungen zum Berufsbild an Gewicht verlieren, soweit die relevante Berufsgruppe mit ihrem Warenangebot in Konkurrenz zu sonstigen Berufsgruppen steht. Insoweit ist im vorliegenden Fall zu berücksichtigen, daß sich die außerhalb der Apotheke vorgenommene Werbung für Biokost, Heilkräuter und Sortimentsgruppen für Sportler nicht auf apothekenpflichtige Arzneimittel, sondern nur auf das Randsortiment bezieht. Zwar läßt sich als zu schützender Gemeinwohlbelang die berufliche Integrität der Apothekerschaft anführen. Jedoch kann die Einschätzung, welche Werbeformen und welche Häufigkeit der Werbung als üblich, angemessen oder übertrieben bewertet wird, einer zeitbedingten Veränderung unterliegen. Insoweit ist auch dem Wandel im Werbeverhalten des Handels Rechnung zu tragen. Der Sportler als Werbeträger gehört zum „alltäglichen Erscheinungsbild", so daß sich nur angesichts besonderer Umstände des Einzelfalles eine Unzulässigkeit entsprechender Apothekenwerbung feststellen läßt. Das gleiche muß auch für das heute weithin übliche Aufstellen von Verkaufsständen vor dem Geschäft gelten. Damit würde die Verhängung einer berufsgerichtlichen Maßnahme außer Verhältnis zum beabsichtigten Zweck – der Stärkung des Vertrauens der Öffentlichkeit in den Berufsstand – stehen. Das Gericht würde durch diese (beabsichtigten) Maßnahmen die durch Art. 12 I, 1 GG gebotene berufs- und wettbewerbsfreundliche Auslegung der Berufsordnung verfehlen. Somit verstößt die (vorgesehene) Verurteilung des A gem. § 11 KammerG i. V. m. § 21 BerufsO gegen das Verhältnismäßigkeitsprinzip.

d) Ergebnis

Zwar sind die der beabsichtigten Verhängung einer berufsrechtlichen Maßnahme zugrundeliegenden Normen (§ 11 KammerG i. V. m. § 21 I BerufsO) verfassungsgemäß, die (vorgesehene) Einzelfallentscheidung stellt indes aufgrund der Unvereinbarkeit mit Art. 12 I 1 GG eine Grundrechtsverletzung dar.

2. Verletzung des Art. 5 I, 1 1. HS GG

Daneben könnte A noch in seiner Meinungsäußerungsfreiheit verletzt sein. Dann müßte rechtswidrig in den Schutzbereich dieses Grundrechts eingegriffen worden sein.

a) Betroffenheit des Schutzbereichs

Zunächst müßte der Schutzbereich des Grundrechts betroffen sein. Das wäre dann der Fall, wenn es sich bei den fraglichen Werbemaßnahmen um eine durch Art. 5 I, 1 1. HS GG geschützte Meinungsäußerung handeln würde. Jedoch ist zu bedenken, daß für das Verhalten des A bereits die Berufsausübungsfreiheit als maßgeblich herausgearbeitet worden ist. Der Schwerpunkt der Tätigkeit des A liegt hier gerade in der Förderung seines beruflichen Erfolges durch die Außendarstellung. Im Hinblick auf den überdies wenig meinungsrelevanten Inhalt der Werbeaktivitäten des A tritt die allgemeine Meinungsäußerungsfreiheit als generelle Norm zurück. Eine Verletzung des A in seinem Grundrecht aus Art. 5 I, 1 1. HS GG kommt folglich nicht in Betracht.

b) Ergebnis

Die beabsichtigte Verurteilung würde A nicht in seinem Grundrecht aus Art. 5 I, 1 1. HS GG verletzten.

3. Verletzung des Art. 2 I GG

A könnte überdies in seiner allgemeinen Handlungsfreiheit gemäß Art. 2 I GG verletzt sein. Jedoch stellt Art. 2 I GG ein Auffanggrundrecht gegenüber den speziellen Grundrechtsgewährleistungen dar, d. h. es tritt hinter diese zurück, soweit deren Schutzbereiche reichen. Hier mußte ein Eingriff in den Schutzbereich eines speziellen Grundrechts, nämlich aus Art. 12 I GG, festgestellt werden. Aus diesem Grund tritt Art. 2 I GG zurück.

4. Verstoß gegen Art. 101 GG

Die Maßnahme des Landesberufsgerichts wäre überdies rechtswidrig, wenn sie gegen Art. 101 GG verstoßen würde.

a) Verletzung des Art. 101 I, 1 GG

Zunächst könnte in der Bildung oder in dem Tätigwerden des Landesberufsgerichts ein Verstoß gegen die Unzulässigkeit von Ausnahmegerichten liegen (Art. 101 I, 1 GG). Als Ausnahmegerichte sind solche Spruchkörper anzusehen, die in Abweichung von einer gesetzlichen Zuständigkeit besonders gebildet und zur Entscheidung einzelner konkreter oder individuell bestimmter Fälle berufen sind[4]. Auch gesetzlich vorgesehene Gerichte sind in diesem Sinne unzulässige Ausnahmegerichte, wenn nicht ihre Zuständigkeit generell und abstrakt geregelt ist, ihre Bestimmung also dem Einzelfall überlassen bleibt bzw. wenn das betreffende Gesetz ein Einzelfallgesetz ist. Indem die Zuständigkeit der Berufsgerichte generell und abstrakt geregelt wurde (§ 20 KammerG) und davon auch nicht im Einzelfall eine gesetzlich nicht begründete Ausnahme gemacht wurde, handelt es sich beim Landesberufsgericht nicht um ein Ausnahmegericht i. S. des Art. 101 I, 1 GG. Eine Verletzung dieser Norm ist somit nicht gegeben.

b) Verstoß gegen Art. 101 I, 2 GG

Darüber hinaus kommt vorliegend ein Verstoß gegen Art. 101 I, 2 GG, also gegen das Verbot, seinem gesetzlichen Richter entzogen zu werden, in Betracht. Dies setzt zunächst einen Rechtssatz voraus, der eine Zuständigkeitsgarantie begründet. Diesen Anforderungen genügt § 20 KammerG. Daneben kann gesetzlicher Richter nur der unabhängige Richter sein. Dies ergibt sich nicht zuletzt aus der Systematik des Grundgesetzes und hier vor allem der sachlichen Nähe des Art. 101 GG zu Art. 97 I GG[5]. Das Merkmal der Gesetzlichkeit kann folglich auch dann verletzt sein, wenn der Person des Richters die Unabhängigkeit in persönlicher oder sachlicher Hinsicht fehlt. Den aufgezeigten verfassungsrechtlichen Anforderungen trägt § 20 I KammerG Rechnung, indem ausdrücklich die richterliche Unabhängigkeit der Gerichtsmitglieder geregelt und garantiert wird. Somit ist ein Verstoß gegen Art. 101 I, 2 GG nicht gegeben.

c) Verletzung des Art. 101 II GG

Ferner kommt eine Verletzung des Art. 101 II GG in Frage. Sondergerichte i. S. dieser Grundgesetznorm sind Gerichte für besondere Sachgebiete, die im Rahmen ihrer Zuständigkeit an die Stelle der allgemein zuständigen Gerichte treten, die aber im voraus für bestimmte, generell bezeichnete Sachgebiete für zuständig erklärt sind[6]. Zu dieser Kategorie zählen gerade die besonderen Berufsgerichte für einen besonderen Personenkreis, soweit sie sich auf die beruflichen Belange beschränken und nicht auf sämtliche Rechtsangelegenheiten dieser Gruppe erstrecken[7]. Somit handelt es sich auch bei dem Landesberufsgericht im vorliegenden Fall um ein Sondergericht i. S. des Art. 101 II GG.

---

[4] Vgl. BVerfGE 14, 56, 72.
[5] Vgl. BVerfGE 82, 286, 296; BVerwG E 11, 195, 210 ff..
[6] BVerfGE 10, 200, 212.
[7] BVerfGE 71, 162, 178.

Die Errichtung (und das Tätigwerden) des Gerichts könnten indes verfassungswidrig sein, wenn es nicht durch Gesetz errichtet wurde. Dabei muß es sich um ein Gesetz im formellen Sinne handeln. Unter den Begriff des formellen Gesetzes fallen solche Regelungen, die von den in der Verfassung bezeichneten Gesetzgebungsorganen im vorgeschriebenen Verfahren erlassen wurden. Diese Voraussetzungen erfüllt das Kammergesetz des Landes. Entsprechend der Lehre vom Gesetzesvorbehalt und der daraus entwickelten Wesentlichkeitstheorie ist überdies erforderlich, daß in dem formellen Gesetz auch die Fragen, die wesentliche Bedeutung für den Charakter einer Gerichtsbarkeit haben, geregelt sind. Durch die Ordnung der Zuständigkeit, des Instanzenzuges, der Zusammensetzung der Spruchkörper, der Unabhängigkeit der Richter etc. genügt § 20 KammerG diesen Anforderungen. Also ist eine Verletzung des Art. 101 II GG nicht gegeben.

II. Vorlagemöglickeiten an das BVerfG

Das Landesberufsgericht könnte die Frage dem BVerfG zur Entscheidung vorlegen, wenn es eine rechtliche Grundlage für eine solche Vorgehensweise gibt. Insoweit kommt vorliegend allein Art. 100 I GG in Betracht. Die Vorschrift verpflichtet die Gerichte, die Entscheidung des BVerfG einzuholen, wenn sie ein Gesetz für verfassungswidrig halten, auf dessen Gültigkeit es bei der zugrundeliegenden Entscheidung ankommt. In diesem Fall ist das Verfahren auszusetzen und das Gesetz, welches für verfassungswidrig erachtet wird, dem BVerfG vorzulegen. Die konkrete Normenkontrolle ist dabei zulässig, wenn die in Art. 100 GG i. V. mit §§ 13 Nr. 11, 80 bis 82 BVerfGG bestimmten Voraussetzungen erfüllt sind.

1. Vorlageberechtigung

Damit eine Vorlage zulässig ist, müßte das Landesberufsgericht zunächst einmal vorlageberechtigt sein. Gemäß Art. 100 I GG sind nur Gerichte vorlageberechtigt. Dies sind alle Spruchstellen, die sachlich unabhängig sind und in einem staatlichen, gültigen und förmlichen Gesetz mit den Aufgaben eines „Gerichtes" betraut und als solche bezeichnet sind[8]. Wie bereits festgestellt, handelt es sich bei dem Berufsgericht nicht um ein unzulässiges Ausnahmegericht, sondern um eine von einer Körperschaft des öffentlichen Rechts getragene besondere Gerichtsbarkeit, deren Zuständigkeit abstrakt und generell in einem staatlichen und förmlichen Gesetz geregelt ist. Auch die Bezeichnung als „Gericht" sowie die Garantie der Unabhängigkeit sind gegeben. Damit handelt es sich bei dem Landesberufsgericht um ein Gericht i. S. des Art. 100 I GG. Die Vorlageberechtigung ist also zu bejahen.

---

[8] Vgl. BVerfGE 6, 55, 63.

2. Vorlagegegenstand

Darüber hinaus müßte § 21 BerufsO einen zulässigen Vorlagegegenstand bilden, also ein Gesetz i. S. des Art. 100 I GG. Dabei beschränkt die Norm den Kreis der nachzuprüfenden Vorschriften auf Gesetze im formellen Sinne einschließlich der Verfassungsnormen selbst. Um eine Verfassungsnorm handelt es sich bei § 21 BerufsO jedenfalls nicht. Unter den Begriff des formellen Gesetzes fallen solche Regelungen, die von den im Grundgesetz bezeichneten Gesetzgebungsorganen im vorgeschriebenen Verfahren erlassen wurden. Ausgeschlossen sind aus diesem Grund Rechtsverordnungen und Satzungen. Die BerufsO wird gem. § 11 Satz 3 KammerG in Form einer Satzung von der Vertreterversammlung erlassen und bildet vor diesem Hintergrund kein Gesetz i. S. des Art. 100 I, 1 GG. Mithin handelt es sich um einen unzulässigen Vorlagegegenstand.

3. Ergebnis

Das Landesberufsgericht dürfte mithin die Frage nach der Verfassungsmäßigkeit des § 21 BerufsO dem BVerfG nicht zur Entscheidung vorlegen. Es hat vielmehr selbst über deren Rechtmäßigkeit zu entscheiden und dementsprechend anzuwenden oder aber außer Betracht zu lassen.

M. Das Besoldungsneuregelungsgesetz[1]

Sachverhalt

Unterstellen Sie folgenden Sachverhalt:

Der Bundestag beschließt ein Besoldungsneuregelungsgesetz, nach welchem die Gehälter der Bundesbeamten auf Lebenszeit um 100, – DM, die der Bundesbeamten auf Zeit, Widerruf und Probe um 50,- DM erhöht werden. Aus der Begründung geht hervor, daß die unterschiedliche Erhöhung wegen der angespannten Haushaltslage erfolgt. Die dem Gesetzesbeschluß zugrunde liegende Vorlage war aus der Mitte des Bundestages eingebracht und von weniger Abgeordneten unterschrieben worden, als einer Fraktionsstärke entspricht.

1. Vor der Ausfertigung des Gesetzes gibt der Bundespräsident ein Gutachten zu der Frage der formellen und materiellen Verfassungsmäßigkeit des Gesetzes in Auftrag. Erstatten Sie das Gutachten.

2. Unterstellen Sie, das Gesetz sei sowohl in formeller als auch in materieller Hinsicht verfassungswidrig. Der Bundespräsident weigert sich daraufhin, das Gesetz auszufertigen. Kann der Bundespräsident seiner Entscheidung zu Recht formelle und materielle Aspekte zugrunde legen?

3. Angenommen, das Bundesverfassungsgericht, das über die Verfassungsmäßigkeit der Regelung zu befinden hat, hält diese für verfassungswidrig; welchen Ausspruch wird es treffen?

Fallösung

I. Formelle und materielle Verfassungsmäßigkeit des Gesetzes

1. Formelle Verfassungsmäßigkeit

Das Besoldungsneuregelungsgesetz ist formell verfassungsgemäß, wenn die Zuständigkeits- und Verfahrensvorschriften eingehalten worden sind.

a) Gesetzgebungskompetenz

Das Gesetz betrifft Beamte, die im Dienste des Bundes stehen. Die Gesetzgebungskompetenz des Bundes ergibt sich daher aus Art. 73 Nr. 8, 71 GG[2].

---

[1] Dieser Fall wurde in der Anfängerübung im WS 1991/92 als Klausur gestellt.
[2] Beamtenrechtliche Regelungen können gemäß Art. 74 a I GG auch unter die konkurriende oder gemäß Art. 75 Nr. 1 GG unter die Rahmengesetzgebung fallen. Für eine Bundeszuständigkeit müßten Sie in einem solchen Fall noch die Voraussetzungen des Art. 72 GG prüfen. Zu beachten ist allerdings, daß sich Art. 74 a I und 75 Nr. 1 GG nicht auf Bundesbeamte beziehen.

b) Gesetzgebungsverfahren[3]

Ein Verfahrensfehler liegt dann vor, wenn die Gesetzesvorlage nicht „aus der Mitte des Bundestages" gemäß Art. 76 I GG eingebracht worden ist. Ob das der Fall ist, könnte nach Maßgabe der GeschOBT bestimmt werden.

Gemäß §§ 76 I, 75 I a) GeschOBT müssen Gesetzentwürfe von einer Fraktion oder von fünf vom Hundert der Mitglieder des Bundestages unterzeichnet sein. Nach § 10 I, 1 GeschOBT beträgt eine Fraktionsstärke ebenfalls fünf vom Hundert der Mitglieder des Bundestages. Die dem Besoldungsneuregelungsgesetz zugrunde liegende Vorlage ist von weniger Abgeordneten unterschrieben worden, als einer Fraktionsstärke entspricht. Aufgrund dieses Verstoßes gegen die GeschOBT wäre danach die Gesetzesvorlage nicht aus der Mitte des Bundestages eingebracht worden, so daß nach dieser Auslegung das Gesetz formell verfassungswidrig wäre.

Demgegenüber könnte man aber auch vertreten, daß eine Gesetzesvorlage schon dann aus der Mitte des Bundestages eingebracht ist, wenn sie überhaupt von Abgeordneten, gleich welcher Anzahl, unterzeichnet worden ist. Danach wäre das Gesetz formell verfassungsmäßig, obwohl weniger als 5 % der Abgeordneten den Gesetzentwurf unterschrieben haben.

Der Wortlaut des Art. 76 I GG „Mitte des Bundestages" läßt nicht auf eine bestimmte Anzahl von Abgeordneten schließen. Allerdings könnte man Art. 82 I, 1 GG entnehmen, daß die Ausübung des Initiativrechts nicht durch die GeschOBT definiert wird, sondern im Sinne der zweiten Lösungsmöglichkeit einer unbestimmten Anzahl von Abgeordneten zusteht. Gemäß Art. 82 I, 1 GG ist die Ausfertigung von Gesetzen lediglich an die Voraussetzung geknüpft, daß das Gesetz „nach den Vorschriften dieses Grundgesetzes" zustande gekommen ist. Diese Voraussetzung würde unterlaufen, wenn man den Begriff „Mitte des Bundestages" in strenger Akzessorietät zu den Regelungen der GeschOBT auslegen würde, die im Rang unter dem Grundgesetz stehen. In diesem Fall wäre es möglich, unter Umgehung des Art. 79 GG faktisch eine Verfassungsänderung herbeizuführen, indem man in der GeschOBT hinsichtlich des Initiativrechts eine Neuregelung träfe. Darüber hinaus stellt die GeschOBT als Satzung eine bloße Verfahrensordnung dar. Diese Funktion würde überschritten, wenn sie verfassungsrechtlich verbindlich bestimmen würde, welche Art von Vorlagen eingebracht werden dürfen. Daraus folgt, daß das Merkmal „Mitte des Bundestages" nicht nach Maßgabe der GeschOBT definiert werden kann. Das Initiativrecht steht also nicht zur Disposition des Bundestages, sondern ist den einzelnen Abgeordneten vorbehalten. Es ist daher ausreichend, daß die Gesetzesvorlage von Abgeordneten, gleich welcher Anzahl, unterzeichnet worden ist.

---

[3] Die Ordnungsmäßigkeit des Gesetzgebungsverfahrens wird nur insoweit überprüft, als der Sachverhalt Anlaß dazu gibt. Es sind also nur mögliche Verfahrensfehler zu erörtern. Die Ordnungsmäßigkeit des Verfahrens im übrigen kann dann mangels entgegenstehender Angaben im Sachverhalt unterstellt werden. Zum Gesetzgebungsverfahren s. Berg, Staatsrecht, 2. Aufl. 1997, S. 114.

Die Gesetzesvorlage ist mithin „aus der Mitte des Bundestages" gemäß Art. 76 I GG eingebracht worden. Ein Verfahrensfehler liegt nicht vor.

c) Ergebnis

Das Besoldungsneuregelungsgesetz ist formell verfassungsmäßig.

2. Materielle Verfassungsmäßigkeit

Es müßte auch inhaltlich mit dem Grundgesetz übereinstimmen.

a) Verstoß gegen Art. 33 V GG

Das Besoldungsneuregelungsgesetz ist materiell verfassungswidrig, wenn es den hergebrachten Grundsätzen des Berufsbeamtentums i. S. d. Art. 33 V GG widerspricht. Zu diesen Grundsätzen zählt das Alimentationsprinzip, das die Verpflichtung des Dienstherrn zu angemessener Alimentierung beinhaltet. Dieser Verpflichtung entspricht allerdings kein Anspruch auf eine summenmäßig bestimmte Alimentation. Demgemäß liegt auch kein Verstoß gegen Art. 33 V GG vor. Das Besoldungsneuregelungsgesetz ist insoweit nicht verfassungswidrig.

b) Verstoß gegen Art. 3 I GG

Das Gesetz könnte gegen den allgemeinen Gleichheitssatz verstoßen. Dann müßte es eine rechtswidrige Ungleichbehandlung der Bundesbeamten auf Zeit, Widerruf und Probe gegenüber den Bundesbeamten auf Lebenszeit darstellen.

aa) Ungleichbehandlung

Das Gesetz müßte wesentlich Gleiches ungleich behandeln.

Welche Umstände für die Feststellung einer Ungleichbehandlung wesentlich sind, ergibt sich aus den Voraussetzungen, unter denen der Gesetzgeber hier überhaupt eine Erhöhung der Bezüge gewähren wollte. Danach ist entscheidend, daß es sich bei dem begünstigten Personenkreis um Bundesbeamte handelt. Die beiden Vergleichsgruppen sind demgemäß wesentlich gleich.

In der unterschiedlichen Erhöhung der Bezüge liegt auch eine Ungleichbehandlung.

bb) Verfassungsrechtliche Rechtfertigung

Die Ungleichbehandlung wäre gerechtfertigt, wenn sie nicht willkürlich, sondern aus einem sachlichen Grund erfolgt wäre. Ein sachlicher Grund liegt dann vor, wenn die Ungleichbehandlung einen legitimen Zweck verfolgt und zur Erreichung dieses Zwecks geeignet, erforderlich und angemessen ist[4].

Die Schlechterstellung der Beamten auf Zeit, Widerruf und Probe gegenüber den Beamten auf Lebenszeit verfolgt das verfassungsrechtlich nicht zu beanstandende Ziel, durch die Einsparung der Differenzbeträge zur Konsolidierung der Haushaltslage beizutragen.

Die Regelung fördert die Zweckerreichung und ist infolgedessen auch geeignet.

Sie wäre erforderlich, wenn sie unter mehreren gleich geeigneten Mitteln das mildeste wäre. Das Ausmaß der Ungleichbehandlung würde abgeschwächt, wenn den Bundesbeamten auf Zeit, Widerruf und Probe eine den Betrag von 50,– DM übersteigende Erhöhung der Bezüge zugebilligt würde. Allerdings wäre eine solche Regelung nicht in gleicher Weise geeignet, die Verbesserung der Haushaltslage zu fördern. Ein milderes, gleich geeignetes Mittel ist daher nicht gegeben. Die Ungleichbehandlung ist also auch erforderlich.

Sie stünde allerdings außer Verhältnis zu dem angestrebten Ziel, wenn sich der Gesetzgeber sachfremder Differenzierungskriterien bedient hätte oder wenn die Differenz zwischen den beabsichtigten Erhöhungen unangemessen groß wäre. Die Ungleichbehandlung wird hier von der unterschiedlichen Verweildauer der Beamten im Dienst und damit von einem sachgerechten Grund abhängig gemacht. Die Abweichung der Bezüge der Bundesbeamten auf Zeit, Probe und Widerruf von denen der Lebenszeitbeamten i. H. v. 50, – DM monatlich ist auch nicht unangemessen.

Die Ungleichbehandlung ist damit verfassungsrechtlich gerechtfertigt.

c) Ergebnis

Das Besoldungsneuregelungsgesetz verstößt weder gegen Art. 33 V GG noch gegen Art. 3 I GG. Es ist daher materiell verfassungsmäßig.

3. Ergebnis

Das Besoldungsneuregelungsgesetz ist formell und materiell verfassungsmäßig.

---

[4] Das Bundesverfassungsgericht hat oft das Vorliegen eines solchen Grundes allein anhand einer plausiblen Wertung oder sachlicher Gegebenheiten festgestellt, ohne dabei einem bestimmten Begründungsschema zu folgen. In der Rechtsprechung des Bundesverfassungsgerichts ist daneben aber auch ein Prüfungsschema anzutreffen, in dem der sachliche Grund für eine Ungleichbehandlung ähnlich definiert wird wie die Verhältnismäßigkeit eines Eingriffs in Freiheitsrechte. Diese Möglichkeit soll hier vorgestellt werden (vgl. Jarass/Pieroth, GG, 4. Aufl. 1997, Art. 3 Rn. 11 ff.).

II. Weigerung des Bundespräsidenten aufgrund formeller und materieller Bedenken

Der Bundespräsident kann seiner Entscheidung, die Ausfertigung des Besoldungsneuregelungsgesetzes zu verweigern, formelle und materielle Aspekte zugrunde legen, wenn er ein formelles und materielles Prüfungsrecht hat[5].

1. Formelles Prüfungsrecht

Für das Bestehen eines Prüfungsrechts des Bundespräsidenten im Hinblick auf die formelle Verfassungsmäßigkeit von Bundesgesetzen könnte bereits der Wortlaut des Art. 82 I, 1 GG sprechen. Danach werden die nach den Vorschriften des Grundgesetzes „zustande gekommenen" Gesetze ausgefertigt. Zustande kommen Gesetze aber im Wege des Gesetzgebungsverfahrens durch den zuständigen Gesetzgeber (Art. 70 ff. GG). Dem Bundespräsidenten steht daher ein formelles Prüfungsrecht bei der Ausfertigung von Bundesgesetzen zu. Er kann seiner Entscheidung zu Recht formelle Aspekte zugrunde legen.

2. Materielles Prüfungsrecht[6]

Fraglich ist, ob dem Bundespräsidenten neben dem formellen Prüfungsrecht auch die Kompetenz zusteht, Bundesgesetze auf ihre inhaltliche Vereinbarkeit mit dem Grundgesetz zu überprüfen.

Die Passage „nach den Vorschriften dieses Grundgesetzes zustande gekommenen" in Art. 82 I, 1 GG kann so verstanden werden, als wären sämtliche Vorschriften des Grundgesetzes zu beachten, also nicht nur diejenigen, die formelle Voraussetzungen aufstellen, sondern auch solche, die materielle Anforderungen enthalten. Der Wortlaut des Art. 82 I, 1 GG ist nicht eindeutig, steht also der Annahme eines materiellen Prüfungsrechts auch nicht entgegen.

Für das Bestehen eines materiellen Prüfungsrechts könnte eine historische Betrachtung sprechen. Auf der Grundlage des Art. 70 Weimarer Reichsverfassung, der von „verfassungsgemäß zustande gekommenen Gesetzen" sprach, wurde sowohl ein formelles als auch ein materielles Prüfungsrecht angenommen. Hiergegen ist allerdings einzuwenden, daß die Befugnisse des Bundespräsidenten gegenüber denen des Reichspräsidenten durch das Grundgesetz insgesamt eingeschränkt wurden. Außerdem bestimmt sich der Umfang staatsrechtlicher Kompetenzen nach dem jeweiligen Verfassungstext, weshalb eine Heranziehung

---

[5] Das Prüfungsrecht wird auch als Verwerfungskompetenz bezeichnet. Zum Prüfungsrecht des Bundespräsidenten bei der Ernennung von Ministern vgl. Fall K.

[6] Zu welchem Ergebnis Sie hier gelangen, ist – nicht zuletzt auch nach den Korrekturanweisungen – unerheblich. Wesentlich ist allein, daß Ihre Argumentation überzeugt. Überwiegend gelangen die Klausurbearbeiter zu dem Ergebnis, daß der Bundespräsident ein materielles Prüfungsrecht hat, zumindest soweit es um evidente Verfassungsverstöße geht. Im folgenden wird ein materielles Prüfungsrecht abgelehnt.

der Weimarer Reichsverfassung zur Bestimmung grundgesetzlicher Kompetenzen untauglich ist.

Für ein materielles Prüfungsrecht könnte sprechen, daß der Bundespräsident gemäß Art. 56 GG schwört, das Grundgesetz zu wahren. Diese Vorschrift setzt jedoch das Bestehen grundgesetzlicher Pflichten und Rechte bereits voraus, so daß sich daraus keine zusätzlichen Kompetenzen ergeben können.

Gleiches gilt für die aus Art. 1 III und 20 III GG folgende Bindung der Staatsgewalten an die Verfassung. Besitzt der Bundespräsident kein Weigerungsrecht nach dem Grundgesetz, dann würde er bei der Berücksichtigung materieller Gesichtspunkte bei der Ausfertigung ja gerade verfassungswidrig handeln. Auch eine Kompetenzbegründung aus der Verfassungsbindung ist folglich nicht möglich.

Es könnte jedoch vorgebracht werden, der Bundespräsident verletze das Grundgesetz vorsätzlich, wenn er ein Gesetz ausfertigt, obwohl er von dessen materieller Verfassungswidrigkeit überzeugt ist und setze sich damit der Gefahr einer Präsidentenanklage nach Art. 61 GG aus. Der Bundespräsident würde allerdings das Grundgesetz auch dann verletzen, wenn er eine Gesetzesausfertigung verweigert, obwohl er das nach dem Grundgesetz gegebenenfalls nicht darf. Auch aus Art. 61 GG läßt sich deshalb nicht auf das Bestehen eines materiellen Prüfungsrechts schließen.

Für das Bestehen eines materiellen Prüfungsrechts könnte angeführt werden, ein materiell verfassungswidriges Gesetz könne auch formell nicht verfassungsgemäß sein. Für inhaltlich vom Grundgesetz abweichende Gesetze stelle Art. 79 GG nämlich besondere Formerfordernisse auf, so daß sich formelle und materielle Verfassungsmäßigkeit nicht trennen ließen. Hingegen unterscheidet das Grundgesetz zwei Kategorien von Gesetzen, die inhaltlich nicht mit ihm übereinstimmen, verfassungsändernde und verfassungswidrige Gesetze. Verfassungsändernde Gesetze sind an der Textänderung des Grundgesetzes erkennbar. Die Untersuchung eines Gesetzes auf Verfahrensfehler setzt damit keine materielle Überprüfung voraus.

Für die Annahme eines materiellen Prüfungsrechts könnte schließlich sprechen, daß es mit der Stellung des Bundespräsidenten als Staatsoberhaupt nicht vereinbar sei, wenn er materiell verfassungswidrige Gesetze ausfertigen müßte. Dagegen ist aber einzuwenden, daß die Stellung des Bundespräsidenten inhaltlich auch durch die dem Bundespräsidenten durch das Grundgesetz zugewiesenen Kompetenzen bestimmt wird. Hat der Bundespräsident aber keine materielle Prüfungskompetenz, dann widerspricht es auch nicht seiner Stellung, wenn er Gesetze ausfertigen muß, die er für materiell verfassungswidrig hält.

Gegen das Bestehen eines materiellen Prüfungsrechts spricht vielmehr, daß das Grundgesetz dem Bundesverfassungsgericht ausdrücklich die materielle Prüfungsbefugnis zuweist (vgl. Art. 93, 100 GG). Hätte aber der Verfassunggeber eine ähnliche Prüfungskompetenz des Bundespräsidenten gewollt, dann hätte er das mit der gleichen Deutlichkeit zum Ausdruck gebracht.

Dem Bundespräsidenten steht folglich nicht die Kompetenz zu, Bundesgesetze auf ihre inhaltliche Vereinbarkeit mit dem Grundgesetz zu überprüfen. Er kann seiner Entscheidung daher keine materiellen Aspekte zugrunde legen.

3. Ergebnis

Der Bundespräsident kann seiner Entscheidung lediglich formelle Aspekte zugrunde legen.

III. Ausspruch des Bundesverfassungsgerichts

Das Bundesverfassungsgericht erklärt die Regelung gemäß § 78, 1 BVerfGG für nichtig, sofern dadurch nicht gegen höherrangiges Recht verstoßen wird. Ein solcher Verstoß läge vor, wenn durch die Nichtigerklärung eine Schlechterstellung der ungleich behandelten Gruppe, hier der Beamten auf Zeit, Widerruf und Probe, eintreten würde. Durch die Nichtigerklärung der Regelung würde nicht nur die unter Verstoß gegen das Gleichheitsgebot den Lebenszeitbeamten zugesprochene Begünstigung entfallen, auch die anderen Bundesbeamten würden leer ausgehen. Insofern würde eine Schlechterstellung der ungleich behandelten Gruppe eintreten. Demgemäß wird das Bundesverfassungsgericht nicht die Nichtigkeit des Gesetzes aussprechen.

Gemäß §§ 78 I, 31 II, 2 BVerfGG wird das Bundesverfassungsgericht die Unvereinbarkeit des Gesetzes mit dem Grundgesetz aussprechen, verbunden mit der Aufforderung an den Gesetzgeber, eine verfassungsmäßige Rechtslage herzustellen, wenn nicht die Möglichkeit einer Heilung des Gleichheitsverstoßes durch das Gericht besteht. Aufgrund der gesetzgeberischen Gestaltungsfreiheit kann allerdings eine Heilung allenfalls dann eintreten, wenn nur eine einzige Heilungsmöglichkeit besteht. Hier kommen die Anhebung der Bezüge auf 100,– DM, die Herstellung einer mittleren Linie sowie die Angleichung der Bezüge nach unten in Betracht. Der Verfassungsverstoß kann also in unterschiedlicher Weise geheilt werden. Eine Heilungsmöglichkeit durch das Gericht besteht nicht.

Das Bundesverfassungsgericht wird also die Unvereinbarkeit des Besoldungsneuregelungsgesetzes aussprechen.

N. Jambo![1]

Sachverhalt

Unterstellen Sie folgenden, erfundenen Sachverhalt:

Das ordnungsgemäß zustande gekommene Bundesgesetz zur Änderung des Versammlungsgesetzes (VersammlÄndG) enthält die Vorschrift:

„§ 2 Ausländern und Personenvereinigungen von Ausländern aus nicht dem Europarat oder der Europäischen Union angehörenden Staaten ist die Veranstaltung von unter freiem Himmel stattfindenden, öffentlichen Kundgebungen gegen die Innenpolitik auswärtiger Staaten untersagt."

Die Landesregierung des Landes L beanstandet diese Vorschrift beim Bundesverfassungsgericht.

Mit Erfolg?

Fallösung

Die Landesregierung wird die Vorschrift mit Erfolg beanstanden, wenn ihr Antrag auf abstrakte Normenkontrolle zulässig und begründet ist.

I. Zulässigkeit des Antrags

1. Ordnungsgemäßer Antrag

Der Sachverhalt enthält keine Angaben darüber, in welcher Form die Landesregierung ihre Beanstandung bei dem Bundesverfassungsgericht vorgebracht hat. Es ist daher davon auszugehen, daß der Antrag gemäß § 23 I BVerfGG schriftlich gestellt und mit einer Begründung versehen wurde.

2. Antragsberechtigung

Die Landesregierung ist gemäß Art. 93 I Nr. 2 GG, § 76 BVerfGG antragsberechtigt.

3. Kontrollgegenstand

Gemäß Art. 93 I Nr. 2 GG, § 76 BVerfGG ist jedenfalls Bundesrecht tauglicher Gegenstand einer abstrakten Normenkontrolle. Bei dem Gesetz zur Änderung des Versammlungsgesetzes handelt es sich um Bundesrecht. Es liegt daher ein tauglicher Kontrollgegenstand vor.

---

[1] Dieser Fall wurde in der Anfängerübung im WS 1994/95 als Klausur gestellt.

4. Antragsbefugnis

Nach Art. 93 I Nr. 2 GG ist der Antrag schon statthaft, wenn Meinungsverschiedenheiten oder Zweifel über die Vereinbarkeit von Bundesrecht mit dem Grundgesetz bestehen. Nach dem Wortlaut des § 76 I Nr. 1 BVerfGG ist es hingegen erforderlich, daß der Antragsberechtigte die Rechtsnorm für nichtig hält. Würde man § 76 I Nr. 1 BVerfGG weitere, über Art. 93 I Nr. 2 GG hinausgehende Anforderungen an die Antragsbefugnis entnehmen wollen, wäre die Vorschrift verfassungswidrig. Das Merkmal der Nichtigkeit in § 76 I Nr. 1 BVerfGG ist daher verfassungskonform auszulegen[2]. Es genügt deshalb, daß der Antragsteller die Vereinbarkeit der Rechtsnorm mit dem Grundgesetz bezweifelt. Das ist hier der Fall. Die Landesregierung ist antragsbefugt.

5. Frist

Die abstrakte Normenkontrolle ist unbefristet zulässig.

6. Ergebnis

Der Antrag der Landesregierung ist zulässig.

II. Begründetheit des Antrags

Der Antrag der Landesregierung ist begründet, wenn § 2 VersammlÄndG formell oder materiell verfassungswidrig ist.

1. Formelle Verfassungsmäßigkeit

Das Gesetz zur Änderung des Versammlungsgesetzes ist nach dem Sachverhalt ordnungsgemäß zustande gekommen und damit formell verfassungsmäßig.

2. Materielle Verfassungsmäßigkeit

§ 2 VersammlÄndG wäre materiell verfassungswidrig, wenn er gegen Grundrechte der Ausländer oder Personenvereinigungen von Ausländern aus nicht dem Europarat oder der Europäischen Union angehörenden Staaten verstoßen würde[3].

---

[2] Diese Abweichung in den tatbestandlichen Formulierungen der Antragsbefugnis ist ein ebenso gängiges wie ausdiskutiertes Problem. Langweilen Sie den Korrektor daher nicht mit weitschweifigen und im übrigen zeitraubenden Ausführungen.
[3] Der im folgenden gewählte Aufbau der materiellen Rechtmäßigkeit ist nicht zwingend. Wenn Sie die Verfassungsmäßigkeit einer Norm prüfen, die sich an unterschiedliche Personenkreise richtet, kann es sinnvoll sein, die Prüfung der materiellen Rechtmäßigkeit nach den Personengruppen zu gliedern. Das gilt insbesondere dann, wenn die Adressaten jeweils in unterschiedlichen Grundrechten betroffen sind. Ein Beispiel dafür finden Sie in dem Fall Der geschäftstüchtige Apotheker, wo nacheinander die Grundrechte der Arzneimittelhersteller und der Apotheker geprüft wurden. Hier konnte dagegen eine

a) Verstoß gegen Art. 8 I GG

aa) Betroffenheit des Schutzbereichs

Voraussetzung für einen Verstoß gegen die Versammlungsfreiheit ist die persönliche und sachliche Betroffenheit des Schutzbereichs des Art. 8 I GG. Der persönliche Schutzbereich wäre nur dann betroffen, wenn die Adressaten des § 2 VersammlÄndG zu dem von Art. 8 I GG geschützten Personenkreis zählten. Art. 8 I GG schützt nur die Versammlungsfreiheit Deutscher.

§ 2 VersammlÄndG richtet sich zum einen an individuell handelnde Ausländer. Insoweit ist der persönliche Schutzbereich nicht betroffen.

Darüber hinaus ist das Verbot an Personenvereinigungen von Ausländern gerichtet. Insoweit wäre der Schutzbereich des Art. 8 I GG betroffen, wenn diese Personenvereinigungen inländische juristische Personen i.S.d. Art. 19 III GG sein könnten. Unter einer inländischen juristischen Person versteht man jeden von der Rechtsordnung anerkannten und rechtlich verselbständigten Zusammenschluß von Personen, der seinen Sitz im Inland hat. Darüber hinaus könnte man, jedenfalls bei Grundrechten, die nur Deutschen zustehen, verlangen, daß die juristische Person nicht von Ausländern beherrscht wird. Dafür spricht, daß diese Grundrechte andernfalls individuell handelnden Ausländern nicht zustehen, wohl aber kollektiv handelnden. Dieser Wertungswiderspruch wird nur durch eine restriktive Auslegung vermieden. Eine juristische Person ist also im Hinblick auf die Versammlungsfreiheit nur dann inländisch i.S.d. Art. 19 III GG, wenn sie nicht von Ausländern beherrscht wird. Auch soweit sich § 2 VersammlÄndG an Personenvereinigungen von Ausländern richtet, ist daher der persönliche Schutzbereich des Art. 8 I GG nicht betroffen[4].

bb) Ergebnis

Der Schutzbereich ist nicht betroffen. § 2 VersammlÄndG verstößt daher nicht gegen Art. 8 I GG.

b) Verstoß gegen Art. 5 I, 1 1. HS GG

§ 2 VersammlÄndG könnte rechtswidrig in den Schutzbereich der Meinungsäußerungsfreiheit eingreifen.

aa) Betroffenheit des Schutzbereichs

Der Schutzbereich wäre dann betroffen, wenn sich § 2 VersammlÄndG gegen ein Verhalten richten würde, das von Art. 5 I, 1 1. HS GG geschützt ist. Art. 5 I, 1 1. HS schützt die Meinungsäußerung und -verbreitung in Wort, Schrift und Bild. Unter Meinungsäußerung bzw. -verbreitung versteht man jedenfalls die

---

Differenzierung allenfalls bei der Frage der Betroffenheit des persönlichen Schutzbereichs der einzelnen Grundrechte auftreten. Deshalb war eine Untergliederung innerhalb dieses Prüfungspunktes ausreichend.
[4] Vgl. Jarass/Pieroth, GG, 4. Auflage 1997, Art. 19 Rn. 15.

Kundgabe von Werturteilen. § 2 VersammlÄndG betrifft öffentliche Kundge-
bungen gegen die Innenpolitik auswärtiger Staaten. Anläßlich öffentlicher
Kundgebungen werden üblicherweise auch Werturteile durch das Halten von
Reden sowie das Mitführen von Transparenten oder Symbolen abgegeben. Das
in § 2 VersammlÄndG erfaßte Verhalten erfüllt deshalb die Voraussetzungen der
Meinungsäußerung und -verbreitung. Der Schutzbereich des Art. 5 I, 1 1. HS
GG ist daher betroffen.

bb) Eingriff

Die Regelung in § 2 VersammlÄndG müßte einen Eingriff in den Schutzbereich
darstellen. Unter einem Eingriff versteht man jedes staatliche Verhalten, das ein
grundrechtlich geschütztes Verhalten unmöglich macht. Aufgrund des Verbotes
öffentlicher Kundgebungen gegen die Innenpolitik auswärtiger Staaten ist es den
Adressaten der Regelung unmöglich, ihre Meinung auf diesem Weg zu äußern
und zu verbreiten. Die Regelung stellt daher einen Eingriff in den Schutzbereich
des Art. 5 I, 1 1. HS GG dar.

cc) Verfassungsrechtliche Rechtfertigung

Der Eingriff ist gerechtfertigt, wenn § 2 VersammlÄndG die Anforderungen des
qualifizierten Gesetzesvorbehalts in Art. 5 II GG erfüllt und im übrigen materiell rechtmäßig ist[5].

(1) Allgemeines Gesetz

§ 2 VersammlÄndG müßt ein allgemeines Gesetz i. S. d. Art. 5 II GG sein.

Allgemeine Gesetze können nur solche Vorschriften im materiellen Sinn sein,
die nicht eine bestimmte Meinung verhindern oder sich speziell gegen die
Meinungsäußerung als solche richten. § 2 VersammlÄndG erfaßt ohne Unterschied alle innenpolitischen Themen auswärtiger Staaten. Die Vorschrift ist
daher nicht darauf gerichtet, eine bestimmte Meinung als solche zu verbieten[6].

Um ein allgemeines Gesetz i. S. d. Art. 5 II GG zu sein, müßte § 2 Versamml-
ÄndG darüber hinaus dem Schutz eines schlechthin, ohne Rücksicht auf eine
bestimmte Meinung zu schützenden Rechtsgutes dienen, das gegenüber der
Meinungsäußerungsfreiheit den Vorrang hat.

In Betracht kommen zunächst die internationalen Beziehungen der Bundesrepublik Deutschland zu fremden Staaten, die in Art. 24 ff. GG mit Verfassungs-

---

[5] Bei der abstrakten Normenkontrolle haben Sie die formelle Rechtmäßigkeit des Gesetzes bereits als
ersten Punkt der Begründetheit geprüft. Eine Wiederholung im Rahmen der verfassungsrechtlichen
Rechtfertigung eines Grundrechtseingriffs wäre überflüssig.
[6] Möglicherweise läßt sich hier auch vertreten, daß es sich auch bei einer nur thematischen Eingrenzung der Meinungsäußerung nicht um ein allgemeines Gesetz handelt. Durch § 2 VersammlÄndG
wird zwar keine spezielle Meinungsäußerung zu einem speziellen innenpolitischen Thema verhindert.
Gleichwohl erscheint das Verbot der Meinungsäußerung zur „Innenpolitik auswärtiger Staaten" als
intensiverer Eingriff als etwa das Verbot der Anprangerung einzelner innenpolitischer Verfahrens-
weisen.

rang geschützt sind. Dagegen, daß der Schutz dieser Beziehungen gegenüber der Meinungsäußerungsfreiheit hier vorrangig ist, spricht jedoch die Bedeutung, die die Meinungsäußerungsfreiheit für die Demokratie hat. Sie soll die der Demokratie wesensimmanente freie öffentliche Diskussion über Gegenstände von allgemeiner Bedeutung schützen und der Bildung einer öffentlichen Meinung dienen. Zu diesen Gegenständen kann aber auch die Innenpolitik auswärtiger Staaten gehören. Diese Funktion wird beeinträchtigt, wenn sich die Adressaten des § 2 VersammlÄndG nicht durch Veranstaltungen unter freiem Himmel an dem Meinungsaustausch beteiligen können.

Als vorrangig zu schützender Gemeinschaftswert könnte daneben die öffentliche Sicherheit in Betracht kommen. Es ist jedoch nicht ersichtlich, inwieweit gerade die in § 2 VersammlÄndG genannten Themen oder Personengruppen die öffentliche Sicherheit stärker gefährden als andere Veranstaltungen unter freiem Himmel.

§ 2 VersammlÄndG dient deshalb nicht dem Schutz eines Rechtsgutes, das gegenüber der Meinungsäußerungsfreiheit den Vorrang genießt.

(2) Ergebnis

§ 2 VersammlÄndG ist kein allgemeines Gesetz i. S. d. Art. 5 II GG. Die Vorschrift verstößt daher gegen Art. 5 I, 1 1. HS GG.

c) Verstoß gegen Art. 2 I GG

§ 2 VersammlÄndG könnte gegen die allgemeine Handlungsfreiheit verstoßen.

aa) Betroffenheit des Schutzbereichs

Das in § 2 VersammlÄndG geregelte Verhalten müßte durch Art. 2 I GG geschützt sein. Art. 2 I GG schützt die freie Entfaltung der Persönlichkeit. Dazu gehört die allgemeine Handlungsfreiheit. Bestandteil der allgemeinen Handlungsfreiheit i. S. d. Art. 2 I GG ist auch das Recht, öffentliche Kundgebungen zu veranstalten oder daran teilzunehmen, soweit dieses Verhalten nicht bereits durch die Freiheitsbereiche anderer Grundrechte vollständig geregelt ist. Soweit sich § 2 VersammlÄndG gegen die Kundgabe von Meinungen richtet, ist Art. 5 I, 1 1. HS GG gegenüber Art. 2 I GG spezieller. § 2 VersammlÄndG richtet sich jedoch auch gegen die Veranstaltung öffentlicher Kundgebungen. Aufgrund der personalen Beschränkung des Art. 8 I GG auf Deutsche ist damit ein Freiheitsbereich betroffen, der nicht bereits durch ein spezielles Freiheitsrecht geschützt ist. Insoweit ist der Schutzbereich des Art. 2 I GG betroffen.

bb) Eingriff

Das Verbot, öffentliche Kundgebungen gegen die Innenpolitik auswärtiger Staaten unter freiem Himmel zu veranstalten, macht den Adressaten der Regelung die Betätigung ihrer allgemeinen Handlungsfreiheit unmöglich und erfüllt damit die Voraussetzungen eines Eingriffs.

cc) Verfassungsrechtliche Rechtfertigung

Der Eingriff könnte verfassungsrechtlich gerechtfertigt sein. Das wäre dann der Fall, wenn § 2 VersammlÄndG Bestandteil der verfassungsmäßigen Ordnung i. S. d. Art. 2 I GG wäre. Unter der verfassungsmäßigen Ordnung versteht man die Gesamtheit der Rechtsnormen, die formell[7] und materiell[8] verfassungsgemäß, insbesondere verhältnismäßig sind. Eine Rechtsnorm ist dann verhältnismäßig, wenn sie zur Erreichung des mit ihr angestrebten legitimen Zwecks geeignet, erforderlich und angemessen ist. § 2 VersammlÄndG dient dem Schutz der internationalen Beziehungen der Bundesrepublik Deutschland. Das Verbot gegenüber Ausländern, Veranstaltungen gegen die Innenpolitik auswärtiger Staaten durchzuführen, konkretisiert das völkerrechtliche Nichteinmischungsprinzip und ist damit geeignet, die internationalen Beziehungen zu wahren. Das Verbot müßte zudem erforderlich, also das mildeste unter mehreren gleich geeigneten Mitteln zur Zweckerreichung sein. Das Verbot in § 2 VersammlÄndG bewirkt, daß Kritik an der Innenpolitik auswärtiger Staaten allenfalls eingeschränkt an die Öffentlichkeit gelangt. Ein gleich geeignetes, den einzelnen aber weniger belastendes Mittel ist nicht ersichtlich. Der Eingriff ist daher auch erforderlich. Er müßte schließlich angemessen sein. Das ist dann der Fall, wenn er nicht außer Verhältnis zu seinem Zweck steht[9]. Der mit dem Verbot erreichte Ausschluß aus der Öffentlichkeit bewirkt, daß die Ausländer eines der wirksamsten Mittel verlieren, um auf eine Änderung der politischen Situation in ihrem Heimatstaat hinzuwirken. Die Eröffnung der Möglichkeit, bestehende (Mehrheits-)Verhältnisse zu ändern, ist aber Grundprinzip der Demokratie. Demgegenüber werden die internationalen Beziehungen zwischen der Bundesrepublik Deutschland und auswärtigen Staaten durch die Duldung von Kundgebungen allenfalls mittelbar betroffen. Zusätzlicher Schutz kann zudem im Einzelfall durch die Instrumentarien des Versammlungsgesetzes und des Strafrechts erreicht werden. Der Eingriff ist daher nicht verfassungsrechtlich gerechtfertigt.

dd) Ergebnis

§ 2 VersammlÄndG verstößt gegen Art. 2 I GG.

d) Verstoß gegen Art. 3 III GG 10

§ 2 VersammlÄndG könnte gegen den besonderen Gleichheitssatz in Art. 3 III GG verstoßen. Dann müßte die Vorschrift ihre Adressaten aufgrund eines dort genannten Merkmals benachteiligen. § 2 VersammlÄndG differenziert nach der

---

[7] Auch hier prüfen Sie nicht noch einmal die formelle Verfassungsmäßigkeit des § 2 VersammlÄndG.
[8] Bei der materiellen Rechtmäßigkeit prüfen Sie nur die allgemeinen Rechtmäßigkeitsmerkmale wie Verhältnismäßigkeit, Wesensgehaltsgarantie, Bestimmtheit, Zitiergebot, nicht aber (inzidenter) Grundrechte. Sie geraten sonst in einen nicht endenwollenden Zirkel.
[9] An dieser Stelle wäre es unzulässig, einfach auf die Ausführungen zu Art. 5 II GG zu verweisen. Denn dort geht es um die Abwägung anderer Rechtsgüter. Die Prüfung der Angemessenheit könnte im Rahmen des Art. 2 I GG also durchaus zu einem anderen Ergebnis führen.

Staatsangehörigkeit. Dieses Kriterium wird nicht von Art. 3 III GG erfaßt. Ein Verstoß ist daher nicht gegeben.

e) Verstoß gegen Art. 3 I GG[10]

§ 2 VersammlÄndG könnte gegen den allgemeinen Gleichheitssatz verstoßen.

aa) Ungleichbehandlung

Die Vorschrift müßte wesentlich Gleiches ungleich behandeln.

§ 2 VersammlÄndG benachteiligt Ausländer und Personenvereinigungen von Ausländern aus Staaten, die nicht dem Europarat oder der Europäischen Union angehören, gegenüber Deutschen und europäischen Ausländern. In bezug auf den genannten Verbotsgrund, öffentliche Kundgebungen gegen die Innenpolitik auswärtiger Staaten durchführen zu wollen, sind die Personengruppen wesentlich gleich.

Eine Ungleichbehandlung in dem o. g. Sinn ist daher gegeben.

bb) Verfassungsrechtliche Rechtfertigung

Eine Ungleichbehandlung ist gerechtfertigt, wenn sie nicht willkürlich, sondern aus einem sachlichen Grund erfolgt. Dabei ist ein sachlicher Grund dann gegeben, wenn die Ungleichbehandlung einen legitimen Zweck verfolgt und zur Zweckerreichung geeignet, erforderlich und angemessen ist. Für die von der Regelung erfaßten Schutzgüter der internationalen Beziehungen und der öffentlichen Sicherheit macht es keinen Unterschied, welche Personengruppe öffentliche Kundgebungen gegen die Innenpolitik auswärtiger Staaten veranstaltet. Ein sachlicher Grund für eine Differenzierung zwischen Deutschen und europäischen Ausländern einerseits und den in § 2 VersammlÄndG genannten Personen andererseits ist nicht ersichtlich. Die Ungleichbehandlung ist nicht verfassungsrechtlich gerechtfertigt.

cc) Ergebnis

§ 2 VersammlÄndG verstößt gegen Art. 3 I GG.

III. Ergebnis

§ 2 VersammlÄndG verstößt gegen Art. 5 I, 1 1. HS und Art. 3 I GG. Der Antrag auf abstrakte Normenkontrolle ist zulässig und begründet. Die Landesregierung wird die Vorschrift mit Erfolg beanstanden.

---

[10] Art. 3 III GG geht als lex specialis dem allgemeinen Gleichheitssatz in Art. 3 I GG vor. Die Spezialität ergibt sich daraus, daß Art. 3 III GG nur bestimmte Differenzierungskriterien erfaßt.

Sachverzeichnis

Die Zahlen geben die Seiten an.

Sachverzeichnis